تاريـــخ الحضارة العربية الإسلامية

١

تاريـــخ
الحضارة العربية الإسلامية

أ.د. عبد الرحمن حسين العزاوي

بسم الله الرحمن الرحيم

الطبعة الأولى

١٤٣٢هـ - ٢٠١١م

رقم الإيداع لدى دائرة المكتبة الوطنية (2281 /6/ 2010)

956

العزاوي، عبد الحمن حسين

تاريخ الحضارة العربية الإسلامية/عبد الرحمن حسين العزاوي

عمان: دار الخليج، 2010

ر.أ.: (2281 /6/ 2010)

الواصفات: /الحضارة العربية//التاريخ الإسلامي// العرب/

تم إعداد بيانات الفهرسة والتصنيف الأولية من قبل دائرة المكتبة الوطنية

- يتحمل المؤلف كامل المسؤولية القانونية عن محتوى مصنفه ولا يعبر هذا المصنف عن رأي دائرة المكتبة الوطنية او اي جهة حكومية اخرى.

دار الخليج

تلفاكس: ٤٦٤٧٥٥٩ ٦ ٠٠٩٦٢

ص.ب: ١٨٤٠٣٤ عمان ١١١١٨ الأردن

e-mail: daralkhalij@hotmail.com

المحتويات

مقدمة

الحمد لله رب العالمين، والصلاة والسلام على إمام المرسلين وخاتم النبيين سيدنا محمد صلى اللـه عليه و سلم. وعلى آله وصحبه أجمعين، وبعد:

فإن موضوعة (الحضارة) كانت وما زالت ذا شأن لدى القراء والطلبة، والباحثين والمختصين، لأنها من الموضوعات ذات السمة العالية أو المرحلة المتطورة في الروح والمادة، في النظرة والعمل، في الأفكار (الإيديولوجيات) والتطبيقات الفعلية. وما يحمله عقلاء الأمة، مفكرين وعلماء وساسة (خيرا)، وما تبنيه السواعد في العمارة والعمران على الأرض (سعادة)، هذه (الثنائية) الاعتبارية والمادية، هي التي تتشكل من خلالها النواة الحقيقية للحضارة الإنسانية.

وكان للأمة العربية حضارات عريقة وأصيلة ابتدأت ببدء الخليقة، وترعرعت وأثمرت عبر الحقب والعصور، وازدهرت في الإسلام بأطرها ومضامينها الجديدة (الحضارة العربية الإسلامية) والتي بلغت ذروتها في الخلافة العباسية ببغداد، والأموية بقرطبة، في الجوانب الروحية والسياسية، والنظم والتشريعات، في عمليات إبداعية وابتكاريه، وتفاعلية مع حضارات الأمم الأخرى، (التأثير والتأثر) من خلال رؤى عربية إسلامية.

إن الدور الكبير الذي تركه العرب والإسلام في تاريخ الإنسانية أو العالمية يعد إنجازا مهما في القيم والأخلاق، والنظم والمفاهيم، والتشريع والقانون، والعلوم والفنون والآداب، والعمارة والعمران.

إن معرفة تاريخ الحضارة العربية الإسلامية، شرط جوهري لانطلاق هذه الحضارة فاعلة في التاريخ، لا من أجل معرفة معنى العبرة المتلمسة أو المتحسسة في معنى التاريخ فحسب، ولكن من أجل معرفة واجبة بالنفس تتحقق خير ما تتحقق في درس التاريخ، ومثل هذه المعرفة يحتاجها العرب والمسلمون في نهضتهم الحضارية الجديدة، واستلهاما لذاتهم التاريخية الخاصة في سعيها الجاد، وتطورها الحتمي نحو العدل والحرية والانعتاق، وبالتالي فهي ضرورة علمية وبحثية، لمحبي التاريخ في استلهام تلك الحضارة، وصولا للحاضر والمستقبل الذي نتمناه أن يكون أكثر سعادة، وأكثر تحققا لأحلام الحالمين، وأكثر نفعا لدنيا العرب في العيش الرغيد، وراحة لبال المثقفين والمفكرين المؤمنين.

وبعد أن توكلنا على الله تعالى، وصلينا على نبيه الكريم صلى الله عليه و سلم. أقدمنا في محاولة (متواضعة) على تأليف كتاب ((الحضارة العربية الإسلامية))، الهدف والغاية منه تقديم ضرب من المعرفة بهذا الشأن للمهتمين كمقدمات لهم في الاستزادة والاستفاضة من مصادرها الأصلية، ومن الإضافات الجادة من مراجعها.

وقد تم تقسيم الكتاب إلى مجموعة من المفاصل (الفصول) الأساسية باستثناء المقدمة، وثبت المصادر والمراجع.

فكان الفصل الأول الذي حمل عنوان، (مفاهيم ومصطلحات حضارية)، والذي شمل مفاهيم: العلم، والمدنية، والحضارة، والثقافة، والتراث.

أما الفصل الثاني (نظريات نشوء الحضارات) فحوى نظرية البيئة، ونظرية الجنس أو العرق، ونظرية الأجيال المتعاقبة والدورات التاريخية، ونظرية التحدي والاستجابة، والنظرية المادية، وأخيرا أسباب قيام الحضارات في الوطن العربي.

كما تناول الفصل الثالث (المقصود بالحضارة العربية الإسلامية، وأهم الدعائم والمرتكزات التي قامت عليها).

أما الفصل الرابع (خصائص الحضارة العربية الإسلامية)، فقد تناول المركز الروحي، والمرونة والشمولية والانفتاح، والحيوية والاستمرار والتجانس، والسلام وخدمة الإنسان، والابتكار والخلق والإبداع، والتسامح المطلق، والأمانة المطلقة.

في حين تناول الفصل الخامس (أصول الحضارة العربية الإسلامية)، حضارات وادي الرافدين (العراق)، الحضارة الآرامية في الشام، والفينيقية على شواطئ سوريا، وحضارة اليمن، وحضارة الحجاز، وحضارات الممالك العربية في أطراف شبه جزيرة العرب، وحضارة وادي النيل، وحضارة شمال أفريقيا.

كما شمل الفصل السادس (التأثيرات الأجنبية لشعوب البلاد المفتوحة في أصول الحضارة العربية الإسلامية). منها: تأثيرات الحضارة اليونانية والرومانية، والهندية، والصينية، والفارسية، والبيزنطية، والثقافة اليهودية والنصرانية.

أما الفصل السابع، والذي كان عنوانه (النظم العربية الإسلامية)، قد تناول النظم السياسية، (الخلافة، الوزارة، الحجابة، الكتابة، القضاء، والجيش) والنظم الاجتماعية (عناصر المجتمع، الأسرة العربية، والأعياد) والنظم الاقتصادية (الزراعة، الصناعة، والتجارة، وموارد الدولة).

أما الفصل الثامن (المظاهر الفكرية) فقد تناول الموضوعات ذات العلاقة بالفكر والعلم منها، العلوم الدينية، العلوم الإنسانية، العلوم الصرفة، والمظاهر الفنية (العمارة، المساجد، والفنون).

أما الفصل التاسع والأخير (مكانة الحضارة العربية الإسلامية في العالم)، فقد شمل مميزات الحضارة العربية الإسلامية وطرق انتقال الحضارة العربية الإسلامية إلى أوربا.

كما اشتمل الكتاب على ملحق بأهم معالم الحضارة العربية الإسلامية. وكذلك ثبت بالمصادر والمراجع التي تناولت الحضارة العربية الإسلامية، مع ما اعتمده البحث في هوامشه من مصادر ومراجع.

وختاما... نرجو الله تعالى أن يسدد خطانا في نوايانا وأفعالنا، وأحلامنا وأعمالنا، لما فيه الخير والعطاء للأمة وحضارتها، والعلم ومكانته، والإنسان وسعادته.

و الله تعالى لا يضيع أجر من أحسن عملا....... و الله المستعان...

المؤلف

الفصل الأول

مفاهيم ومصطلحات حضارية

((العلم،،المدنية،،الحضارة،،الثقافة،،والتراث))

الفصل الأول

مفاهيم ومصطلحات حضارية

(العلم، المدنية، الحضارة، الثقافة، والتراث)

في هذه الفقرة نستعرض مفاهيم ومصطلحات حضارية مثل: العلم، المدنية، الحضارة، الثقافة، والتراث، وذلك لحالة المرادفة والمعانقة، والمزاوجة بين هذه المصطلحات، فكثيرا ما يختلط مفهوم الحضارة بالمدنية والتراث بالثقافة ومضمون جميع هذه الفعاليات وإطارها (العلم) وذلك بسبب تداخل مفاهيمها والتصاق واتصال أحدها بالأخرى، بسبب فضاءها وميدانها الموحد الفاعل والمؤثر، وهو (الإنسان والمجتمع والفضاء) وهدفها وغايتها الواحدة، وهي (سعادة المجتمع) ولكن هذا الترادف في الفعل والمعنى أين يكون؟ بين الحضارة والمدنية؟ أم بين الحضارة والتراث؟ أم بين الحضارة والمدنية والتراث؟ أم بين الحضارة والثقافة؟ أم بين هذا المفهوم أو ذاك.

والإجابة على هذه التساؤلات المشروعة، هو في القراءة المتواضعة لهذه المفاهيم.

أولا: العلــــــــــــــم:

ليس هناك من شك في أن (الباحث والطالب) على طلب العلم والانصراف له والاعتكاف من أجله يعود بالدرجة الأساس إلى حث الإسلام عليه، حيث وردت آيات كثيرة في القرآن تحث على العلم وتعلمه، وتكريم العلماء وأهله.

قَالَ تَعَالَىٰ:

﴿ ٱقۡرَأۡ بِٱسۡمِ رَبِّكَ ٱلَّذِي خَلَقَ ﴾]العلق ٩٦:آية ١[

﴿ عَلَّمَ ٱلۡإِنسَٰنَ مَا لَمۡ يَعۡلَمۡ ﴾]العلق ٩٦: آية ٥[

﴿ وَعَلَّمَ ءَادَمَ ٱلۡأَسۡمَآءَ كُلَّهَا ﴾]البقرة ٢: آية ٣١[

﴿ ٱلَّذِي عَلَّمَ بِٱلۡقَلَمِ ﴾]العلق ٩٦: آية ٤[

﴿ وَلَا يُحِيطُونَ بِشَيۡءٖ مِّنۡ عِلۡمِهِۦٓ إِلَّا بِمَا شَآءَ ﴾]البقرة ٢: آية ٢٥٥[

﴿ وَمِنَ ٱلنَّاسِ مَن يُجَٰدِلُ فِي ٱللَّهِ بِغَيۡرِ عِلۡمٖ ﴾]الحج٢٢: آية ٣[

﴿ عَنِ ٱلرُّوحِۖ قُلِ ٱلرُّوحُ مِنۡ أَمۡرِ رَبِّي وَمَآ أُوتِيتُم مِّنَ ٱلۡعِلۡمِ إِلَّا قَلِيلٗا ﴾]الإسراء ١٧: آية ٨٥[

﴿ قَالُواْ سُبۡحَٰنَكَ لَا عِلۡمَ لَنَآ إِلَّا مَا عَلَّمۡتَنَآ ﴾]البقرة ٢: آية ٣٢[

﴿ ذَٰلِكُمَا مِمَّا عَلَّمَنِي رَبِّيٓ ﴾]يوسف ١٢: آية ٣٧[

﴿ وَلَا يَأۡبَ كَاتِبٌ أَن يَكۡتُبَ كَمَا عَلَّمَهُ ٱللَّهُ ﴾]البقرة ٢: آية ٢٨٢[

﴿ ٱلرَّحۡمَٰنُ ١ عَلَّمَ ٱلۡقُرۡءَانَ ٢ خَلَقَ ٱلۡإِنسَٰنَ ٣ عَلَّمَهُ ٱلۡبَيَانَ ٤ ﴾]الرحمن ٥٥: ١-٤[

﴿ إِنَّمَا يَخۡشَى ٱللَّهَ مِنۡ عِبَادِهِ ٱلۡعُلَمَٰٓؤُاْ ﴾]فاطر ٣٥: آية ٢٨[

أما في السنة النبوية الشريفة **فالأحاديث كثيرة، منها قال رسول صلى الله عليه و سلم:**

(تعلموا العلم فإن تعلمه لله حسنة، ودراسته تسبيح، والبحث فيه جهاد، وطلبه عبادة، وتعلمه صدقة، وبذله لأهله قربة).

(طلب العلم فريضة على المسلم).

(اللهم إني أسألك علما نافعا، وأعوذ بك من علم لا ينفع)^(١)

(إن أشد الناس عذابا يوم القيامة عالم لم ينفعه علمه)^(٢)

(إنما العلم بالتعلم، وإنما الحلم بالتحلم، ومن يتحر الخير يعطه، ومن يتق الشر يوقه)^(٣).

إن تفحيص كلمة (العلم) في القواميس والمعاجيم العربية نجد أن (علم):

العلم: بفتحتين (العلامة) وهو أيضا (الجبل) و (علم) الثوب والراية.

وعلم الشيء (بالكسر) يعلمه (علما) عرفه.

ورجل (علامة) أي عالم جدا، والهاء للمبالغة، و(أعلم) الفارس، جعل لنفسه (علامة) الشجعان.

و (علمه) الشيء (تعليما فتعلم) وليس التشديد هنا للتكثير بل للتعدية.

ويقال أيضا (تعلم) بمعنى (أعلم)^(٤)

قال عمرو بن معد يكرب الزبيدي:

تعلم أن خير الناس طرا^(٥)   قتيل بين أحجار الكلاب^(٦)

(١) السامرائي، مهدي صالح، أخلاق العلماء العرب المسلمين، مجلة دراسات للأجيال، العدد ٢، السنة ٧، بغداد، حزيران ١٤٠٨هـ/ ١٩٨٧م، ص ٣٩-٤٠.

(٢) المرجع نفسه.

(٣) رواه الدارقطني (ت ٣٨٥هـ/ ٩٩٥م) في (الإفراد والعلل)، عن أبي هريرة (رضي الله عنه)، ورواه الخطيب البغدادي، أحمد بن علي (ت٤٦٣هـ/ ١٠٧٠م) في تاريخ بغداد أو مدينة السلام عن أبي هريرة وأبي الدرداء رضي الله عنهم جميعاً.

(٤) الرازي، محمد بن عبد القادر (ت بعد ٦٦٦ هـ/ ١٢٦٧م).

(٥) معناه، جميعاً، المصدر نفسه، مادة طرّ، ص٣٨٩.

(٦) المصدر نفسه، ص٤٥٢.

فالعلم: هو مطلق المعرفة المكتسبة عن طريق الملاحظة، والتجربة، والاستنتاج. أي إدراك حقائق الأشياء مسموعا ومعقولا.

ومبادئ العلوم: هي مثل اللغة العربية، والتاريخ والجغرافية، والفيزياء والكيمياء، والرياضيات (الحساب) والهيئة وطبقات الأرض، وسائر العلوم التجريبية، والعلم مشاع بين الناس، والعلة في شياعه أنه اكتسابي وليس ذاتيا.

إذا العلم هو (تراكم من المعلومات المصنفة) لذا عرفه العلماء بتعريفات عديدة بحسب رؤى كل منهم. ومن هذه التعريفات نذكر:

أ- تعريف قاموس ويبستر:

عرف قاموس ويبستر العلم على أنه:(المعرفة المنسقة التي تنشأ عن الملاحظة والدراسة والتجريب، والتي تتم بغرض تحديد طبيعة أو أسس وأصول ما تتم دراسته).

وفي تعريف آخر للعلم بالقاموس نفسه:(العلم هو فرع من فروع المعرفة أو الدراسة خصوصا ذلك الفرع المتعلق بتنسيق وترسيخ الحقائق والمبادئ والمناهج بوساطة التجارب والفروض).

ب- تعريف كارل بيرسون: (إن ميدانه غير محدد، فمادته لا نهاية لها، كل مجموعة من الظواهر الطبيعية، كل طور من أطوار الحياة الاجتماعية، كل مرحلة من مراحل التطور القديم أو الحديث، كل ذلك يعتبر مادة للعلم).

ج- تعريف جيمس هوبوود جينز: (العلم هو الأداة التي تعلمنا كيف نعرف).

د- **تعريف قاموس أكسفورد:** العلم هو ذلك الفرع من الدراسة الذي يتعلق بجسد مترابط من الحقائق الثابتة المصنفة، والتي تحكمها قوانين عامة وتحتوي على طرق ومناهج موثوق بها لاكتشاف الحقائق الجديدة في نطاق هذه الدراسة.

والعلم ينقسم إلى قسمين رئيسين، هما:

أ- **العلم القديم:**

وهو ما لا يكون مسبوقا بعدم ولا يكون له أول كعلم الله تعالى، وهو صفة لا هو ولا غيره. عند أهل السنة والجماعة.

ب- **العلم الحادث:**

والعلم الحادث ينقسم إلى قسمين، هما:

١- **الضروري:**

وهو الحاصل بلا كسب ولا استدلال، ويسمى أيضا البديهي (البدهي) والفطري. وهو ثلاثة أنواع:

- الحاصل بالحواس الخمس.
- الحاصل بالخبر المتواتر، وهو ما يرويه الجم الغفير، الذي يستحيل تواطؤهم على الكذب.
- الحاصل ببداهة العقول، كعلم الإنسان بوجود نفسه، والحكم بأن الكل أكبر من الجزء.

٢- **النظري:**

وهو الحاصل بالاكتساب، ويسمى النظري أو الكسبي، وينقسم إلى:

-العقلي:

وهو ما يدرك بنظر العقل المحض، مثل، قدم الله تعالى، ووحدانيته، ونزاهته عن سمات الحديث، واتصافه بالكمال والجلال، وحدوث العالم، ويسمى هذا العلم (أصول الدين).

-النقلي:

وهو ما يدرك بالنقل، بوساطة نظر العقل في طرق صحته وثبوته. وينقسم إلى:

-القطعي:

وهو الحاصل بالنص المفسر من الكتاب، والنص المفسر من السنة المتواترة المشهورة، وإجماع الأئمة.

-الظني:

وهو الحاصل بمثل الآيات المؤولة، والعام المخصوص، وخبر الواحد، والأقيسة الشرعية.

وهذا العلم بقسميه يسمى (علم الشرائع) و (علم الفقه والأحكام).

ثانيا: المدنية:

المدنية لفظة مشتقة من المدينة.

قال اللغويون:مدن بالمكان: أقام به، ومنه: المدينة، وجمعها، مدن ومدائن، ويقال: مدن المدائن[1].

---

(١) ابن منظور، محمد بن مكرم (ت٧١١هـ/ ١٣١١م)، لسان العرب المحيط، دار الجبل -بيروت ١٤٠٩هـ/ ١٩٨٨م، مادة المدن.

قَالَ تَعَالَىٰ:

﴿ وَجَآءَ أَهۡلُ ٱلۡمَدِينَةِ يَسۡتَبۡشِرُونَ ﴾[1]

﴿ قَالُوٓاْ أَرۡجِهۡ وَأَخَاهُ وَأَرۡسِلۡ فِي ٱلۡمَدَآئِنِ حَٰشِرِينَ ﴾[2]

وجاء في الحديث النبوي الشريف:

(إن الإسلام ليأرز إلى المدينة كما تأرز الحية إلى جحرها)

أي ينضم ويجتمع بعضه إلى بعض فيها[3]

والمدينة: تدل على مرتبة سامية، وتطور راق، وفيها تتجمع ظواهر وخصائص وكفاءات، وفيها تبدو مظاهر التقدم العلمي والفني والفكري والأدبي والثقافي والآلي وغيرها[4].

و(تمدن) الرجل، إذا تخلق بأخلاق سكان المدينة، وهي اللطافة، والظرف، والرقة، والأنس، وجميع ما هو ضد الوحشية والهمجية، أي الرقة واللطافة في المعاشرة والمعاملة.

و(المدنية) عند الفلاسفة والحكماء، غريزة في الإنسان تدفع به إلى الاختلاط بأخيه الإنسان، والاجتماع به، والتعايش معه بسلام وأمان.

---

(١) سورة الحجر ١٥: آية ٦٧.

(٢) سورة الأعراف ٧: آية ١١١.

(٣) الرازي، مختار الصحاح -مادة أرز.

(٤) فريحات، حكمة عبد الكريم، إبراهيم ياسين الخطيب، مدخل إلى تاريخ الحضارة العربية الإسلامية، دار الشروق - عمان ١٤١٠هـ/١٩٨٩م، ص١٨.

قال ابن خلدون:

(الاجتماع الإنساني ضروري) [١]

وعبر الحكماء عن هذا بقولهم:

(الإنسان مدني بالطبع) أو (الإنسان مدني بطبعه).

وقيل: (الإنسان اجتماعي بطبعه)

أي لا بد له من الاجتماع، الذي هو المدينة في اصطلاحهم وهو معنى العمران.[٢]

وفي ضوء ذلك أن المدنية - عند اللغوين- صفة اكتسابية تظهر في سلوك الشخص المتمدن فحسب. وهي عند الفلاسفة غريزة اجتماعية، تكمن في ذات الإنسان.

وعلى هذا الأساس فالمدنية ترادف الحضارة، لأنها بالأساس مشتقة من حياة المدينة، والحضارة مشتقة من الحضر، وقد استعمل الفلاسفة العرب لفظة (مدني) بمعنى (اجتماعي)، والمدني هو المنسوب إلى المدينة أو إلى الناس الذين يعيشون في المدينة، كما استعمل ابن خلدون[٣] صيغة التمدن بمعنى الحضارة أو التحضر، ولذلك نجد التمدن غاية البدوي التي يجري إليها.

على العموم فإن المعنى الذي تنطوي عليه لفظتا الحضارة والمدنية إنما هو سكنى الحواضر أو المدن، وأن الكلمة الأفرنجية التي تقابلهما **Civilization**[٤] مشتقة

---

(١) ابن خلدون عبد الرحمن بن محمد (ت٨٠٨هـ/ ١٤٠٥م)، المقدمة. خط دار الشعب القاهرة (د.ت).

(٢) ابن خلدون، مرجع سابق.

(٣) المصدر نفسه.

(٤) اشبنجلر، أوسفالد، تدهور الحضارة الغربية، تعريب أحمد الشيباني، دار الحياة بيروت (ب.ت) ص٦٧.

بالأساس من المدينة Civitas أو من ساكني المدينة CIVIS أو مما يتعلق بساكن المدينة Civilis وجميعها لاتينية، ذلك لأن الحضارة أو المدنية هي الحياة الراقية التي ظن سكان المدن أنها ممكنة فقط في المدينة وهم الذين وضعوا هذه الكلمة، والمنحى الذي يذهب ابن خلدون إليه في مدلول لفظ الحضارة يشير إلى استعمال لفظ الحضارة للدلالة على نوع معين من الحياة يشبه إلى حد كبير مدلول لفظ المدنية في العصر الحاضر عند بعض الباحثين الذين يرون المدنية مجموعة المظاهر المادية التي تمثل مستوى إشباع الحاجات الإنسانية في المجتمع.[1]

والفرق بين الحضارة وبين المدنية في:

أن المدنية صفة خلقية بالسوية في سلوك مهذب للفرد والمجتمع، وأن الحضارة ظاهرة اجتماعية، تتمثل في أنظمة جماعية، واختراعات مادية.

أن المدنية وليدة التربية والتهذيب، وأن الحضارة وليدة العلم والاختراع، والابتكار والإبداع.

ثالثا: الحضارة:

فالحضارة-عند اللغويين- الإقامة في الحضر. والحضارة بالفتح والكسر: خلاف البداوة.

والحضر والحضرة والحاضرة: خلاف البادية، وهي المدن والقرى والأرياف وسميت بذلك لأن أهلها حضروا الأمصار ومساكن الديار التي يكون لهم بها قرار.

---

(١) حداد، جورج، المدخل إلى تاريخ الحضارة، مطبعة الجامعة العربية، دمشق ١٣٧٨هـ/   م، ص١٧.

فالحضارة والحاضرة خلاف البادية، والحضر خلاف البدو والبداوة.[1] و(البدو) البادية، والنسبة إليه (بدوي).

وجاء في الحديث النبوي الشريف (من بدا جفا).

أي من نزل البادية صار فيه جفاء الأعراب، والبداوة بفتح الباء وكسره: الإقامة في البادية وهو ضد الحضارة[2].

ويعد ابن خلدون أول من اصطلح الحضارة بالمعنى الفني، إذ فرق في (مقدمته) بين العمران البدوي والعمران الحضري، وجعل أجيال البدو والحضر طبيعة في الوجود. فالبداوة أصل الحضارة، والبدو أقدم من الحضر، لأنهم يقتصرون على انتحال الزراعة والقيام على الحيوان لتحصيل ما هو ضروري لمعاشهم.[3]

أما الحضر فإن انتحالهم للصنائع والتجارة يجعل مكاسبهم أكثر من مكاسب أهل البدو، وأحوالهم في معاشهم زائدة على الضروري منه، فهي (تفنن في الترف وإحكام الصنائع) من جهة أخرى ربط ابن خلدون (الحضارة) بـ (السيادة) أي الملك والاستقرار حتى تستطيع أن تنمو وتزدهر.

والحضارة بهذا المعنى الاصطلاحي عند ابن خلدون أضيق من الحضارة بالمعنى الاصطلاحي الحديث لأنها لا تصور إلا الجانب المترف من النشاط البشري، ولا تدخل فيه النشاط الديني والخلقي والعقلي.

وإذا كانت البداوة أصل الحضارة، فإن الحضارة غاية البداوة ونهاية العمران.

---

(١) ابن منظور، لسان العرب، مادة حضر ومادة بدا.

(٢) الرازي، مختار الصحاح، مادة (بدا) ص٤٤-٤٥.

(٣) ابن خلدون، المقدمة، في معنى الحضارة، ص١٢٢.

قال ابن خلدون "إن الحضارة غاية العمران ونهاية لعمره، ومؤدية لفساده" وفي التاريخ المعاصر يروا الباحثون أمثال أدوارد تايلر وماكيفر وألبر شفتسر الحضارة بمعنيين:

-الأول: موضوعي، ويعرفها: بأنها جملة مظاهر التقدم الأدبي والفني والعلمي والتقاني التي تنتقل من جيل إلى جيل في مجتمع واحد أو عدة مجتمعات متشابهة. فتقول الحضارة العربية، والحضارة الصينية، والحضارة الهندية، إلخ.[1]

-الثاني: فهو ذاتي مجرد: حيث تعني الحضارة مرحلة سامية من مراحل التطور الإنساني المقابلة لمرحلة الهمجية. وفي هذا المعنى يؤكد على مجموعة المظاهر الفكرية التي تسود أي مجتمع من المجتمعات وعلى تأكيد الأصالة الروحية والحقيقة الفلسفية والعاطفية للإنسان، وهي في رأي (ول ديورانت)، بأنها نظام اجتماعي يعين الإنسان على زيادة نتاجه الثقافي[2].

والراجح أن التعريف الأول أقرب إلى الصواب والشمولية، لأنه لا يمكن أن تسقط العلاقة بين المظاهر المادية والمظاهر الفكرية في حياة أي شعب من الشعوب، كما لا يمكن إسقاط التأثير المتبادل بينهما. ولكن يمكن القول أن المستوى الحضاري يختلف من أمة لأخرى، بسبب اختلاف النظرة إلى الحياة والأسلوب في التفكير والعادات والتقاليد، ولذلك فإن رقي الحضارات وتأخرها مسألة نسبية.

---

(١) أحمد، د. أحمد عبد الرزاق، الحضارة الإسلامية في العصور الوسطى، دار الفكر العربي، القاهرة ١٤١١هـ/ ١٩٩٠م، ص١٠.

(٢) ديورانت، وِل، قصة الحضارة، تعريب زكي نجيب محمود، ط القاهرة، ١٣٩٣هـ/ ١٩٧٣م، ص٣/١.

ونخلص إلى القول في تعريف الحضارة بأنها: مجموعة المفاهيم الموجودة عند مجموعة من البشر، وما ينبثق عن هذه المفاهيم من مثل وتقاليد وأفكار ونظم وقوانين تعالج المشكلات المتعلقة بأفراد هذه المجموعة البشرية وما يتصل بهم من مصالح مشتركة.

أو بعبارة مختصرة (هي تمثل مظاهر النشاط البشري الصادر عن تدبير عقلي).

وحيث أننا نتناول الحضارة العربية الإسلامية نرى من المناسب أن ننوه برأي الفيلسوف أشبنجلر الذي بلغ إعجابه بالحضارة العربية حدا كبيرا فهو يرى أن حضارات الشرق الأوسط جميعها مدينة للحضارة العربية... وأنها تتصف بأبعاد الطول والعرض والعمق، ويرى أن العرب لم يستعمروا البلدان التي فتحوها بل استعادوا بكل بساطة جميع بلادهم وحرروها من غير الأجانب والأغراب وهو يقول بهذا: "هذا وحده كاف لأن يشرح الآن سر الحياة الجبارة التي انطلقت بها الحضارة العربية عندما تحررت من قيود الغير ومن الأغلال الأخرى لتنتشر بظلالها فوق كل الأقطار التي كانت باطنا ملكا لها قبل قرون وقرون من انطلاقها الجبار[١].

والحضارة العربية الإسلامية واحدة من أكبر الحضارات التي عرفها العالم بسبب الدور الذي قدمته وأبدعته في تاريخ الإنسانية، حيث التقت بخصوصيتها العربية الإسلامية نتاجات الحضارات الأخرى، وقد نجحت في اختيار العناصر الصالحة ثم مزجت بينها، وأكملت الناقص منها، حتى برزت لها شخصية مميزة، استمرت على مدى العصور، وقد أسهمت فيها الأمم والشعوب التي تكلمت بالعربية وعاشت تحت ظلال الخلافة العربية الإسلامية.

---

(١) اشبنجلر، تدهور الحضارة الغربية، ص٣٨٧-٣٨٨.

وفي العصر الحديث دخلت الحضارة مصطلح العلوم في تاريخ الأدب الفرنسي في الربع الأخير من ق ١٨م. حيث ألف كتاب (تاريخ الحضارات العام) الذي اشترك في تأليفه (موريس كروزيه).

وفي ق ١٩م أثار العالم الإنجليزي (تايلور Taylor) في تعريف الحضارة بأنها (ذلك الكل المعقد الذي يشمل المعارف والعقيدة والفن والقيم الأخلاقية والقانون والتقاليد الاجتماعية...) وهو تعريف شمولي لم يفصل فيه التنظيم الاجتماعي والمؤسسات الاجتماعية عن مفهوم الحضارة.

وعليه فالحضارة تتجسد في:
- النظم:وهي تشمل، النظم السياسية، والاقتصادية، والإدارية، والقضائية، والعسكرية، والثقافية، والزراعية، والتجارية، والصناعية، والأسرية.
- الآثار:وهي تشمل: فن العمارة بجميع أنواعها مثل: تخطيط المدن، وتمصير الأمصار، وتشييد البنيان، والنحت، والرسم، والتصوير، والزخرفة، وجميع الفنون الجميلة.

والفرق بين (الحضارة) و (الثقافة) من عدة وجوه، وهي:-
١. أن الحضارة أثر ونتيجة، وأن الثقافة تصور وإرادة.
٢. أن الحضارة وصف خاص بالأمة، وأن الثقافة وصف عام بالفرد.
٣. أن الحضارة تتجسد وتتجسم في النظم السياسية، وفي العلوم، والصنائع، والاختراعات على وجه العموم.

وأن الثقافة تتمثل في اللغات، والآداب، والتواريخ، والفلسفات وجميع العلوم الإنسانية.

رابعا: الثقافـــة:

الثقافة هي مصدر الفعل (ثقف) الذي له عشرة معان[1] في لغة العرب، حسبما جاء في قواميس ومعاجم اللغة العربية.

-المعنى الأول: **ثقف: وجود الشيء ومصادفته:**

تقول: ثقفت الشيء، أثقفه -إذا وجدته وصادفته.

قال الـلـه تعالى: ﴿وَاقْتُلُوهُمْ حَيْثُ ثَقِفْتُمُوهُمْ﴾[2]

*** أي: اقتلوا مشركي مكة أينما وجدتموهم وصادفتموهم.**

وقال تعالى: ﴿ضُرِبَتْ عَلَيْهِمُ الذِّلَّةُ أَيْنَ مَا ثُقِفُوا﴾[3]

*** أي: ضربت عليهم الجزية أينما وجدوا.**

المعنى الثاني: **ثقف: الظفر بالشيء، وأخذه على وجه الغلبة.**

تقول: ثقفت فلانا في موضع كذا، أثقفه، إذا ظفرت به، وأخذته غلبة.

قال تعالى: ﴿إِن يَثْقَفُوكُمْ يَكُونُوا لَكُمْ أَعْدَاءً﴾[4]

*** أي: إن يغلبوكم يكونوا لكم أعداء من حيث القتل.**

---

(١) تفاصيل ذلك. ينظر الجزائري، د. محمد عبد الكريم/ الثقافة ومآسي رجالها. (دون ذكر المطبعة) ط٢ الجزائر ١٤١٤هـ/ ١٩٩٣.

(٢) سورة البقرة ٢: آية ١٩١.

(٣) سورة آل عمران ٣: آية ١١٢.

(٤) سورة الممتحنة٦٠: آية ٢.

-المعنى الثالث: **ثقف: العمل بالسيف:**

تقول: فلان من أهل المثاقفة. أي: حسن الثقافة بالسيف، و (الثقاف) و (الثقافة) بكسر أولهما -العمل بالسيف.[1]

-المعنى الرابع: **ثقف: الخصام والجلاد:**

تقول:- وقع بين القوم الثقف - بفتح الثاء وكسرها - إذا حدث منهم خصام وجلاد.

جاء في الحديث الشريف: **(إذا ملك اثنا عشر من بني عمرو بن كعب كان الثقف والثقاف إلى أن تقوم الساعة)**[2]

-المعنى الخامس: **ثقف: شدة حموضة الشيء:**

تقول: ثقف الخل يثقف ثقفا، وثقافة -إذا اشتدت حموضته، وأصبح طعمه لاذعا جدا، فهو ثقف، وثقيف -بتخفيف القاف-وثقيف بتشديدها على النسب.[3]

-المعنى السادس: **ثقف: تسوية الشيء، وتقويم اعوجاجه:**

تقول: ثقفت الرمح، أو القوس، أو أي شيء معوج: إذا قومته، وسويته من إعوجاجه، فيغدو مثقفا مقوما.[4]

---

(١) ابن منظور، لسان العرب المحيط، حرف الفاء، فصل الثاء المثلثة، الجوهري، إسماعيل بن حماد (ت ٣٩٨هـ/ ١٠٠٧م)، الصحاح تحقيق أحمد عبد الغفور عطار، مط دار الكتاب العربي، القاهرة، ١٣٧٦هـ/ ١٩٥٦م.

(٢) ابن منظور، لسان العرب -حرف الفاء، فصل الثاء المثلثة.

(٣) المصدر نفسه.

(٤) المصدر نفسه.

وعلى هذا الأساس استعيرت لفظة (مثقف) إلى ما هو مستقيم صلب، ومن ذلك صيغت لفظة (الثقاف) -بكسر أوله-وهو آلة من حديد أو خشب، تكون -غالبا- مع القواس والرماح، ليسوي بها كل منهما ما أعوج من رماحه أو أقواسه، ويقوم أودها. وكثيرا ما جاء هذا المعنى -على سبيل المجاز-في كلام العرب. فمن ذلك حديث السيدة عائشة (رضي الـلـه عنها) تصف به أباها أبي بكر (رضي الـلـه عنه).

"وأقام أودهم بثقافه"[1] * أي: سوى عوج المرتدين وقوم أودهم.

وبهذا المعنى جاء قول الجاحظ:

(وأقام صفوه[2] بثقاف الأدب)[3]

ومن ذلك -أيضا- قولهم في المثل:

(دردب[4] لما عضه الثقاف)[5]

وقد تستعار (الثقاف) للتقويم نفسه كما جاء في رسالة (عبد الحميد الكاتب) التي بعث بها إلى كتاب عصره:

"فتنافسوا يا معشر الكتاب! في صفوف الآداب، وتفقهوا في الدين وابدأوا بعلم (كتاب الـلـه) عز وجل، والفرائض، ثم العربية، فإنها (ثقاف) ألسنتكم..."[6]

---

(١)ابن منظور، لسان العرب -حرف الفاء، فصل الثاء المثلثة.

(٢) الصفو: الميل والتثني. الرازي، مختار الصحاح، مادة صفا.

(٣) الجاحظ، عمرو بن بحر البصري (ت٢٥٥هـ/ ٨٦٨م)، رسائل الجاحظ (رسالة مناقب الأتراك) تحقيق عبد السلام محمد هارون، مط الخانجي، القاهرة ١٣٨٤هـ/ ١٩٦٤م، ٧/١.

(٤) الدردبة: أن يعدو الشخص، ويلفت، كأنه يتوقع من ورائه شيئاً يخافه.

(٥) الزبيدي، محمد المرتضي (ت١٢٠٥هـ/ ١٧٩٠م)/ تاج العروس المط الخيرية، القاهرة ١٣٠٦هـ/ ١٨٨٨م، باب الفاء، فصل الثاء.

(٦) ابن خلدون، المقدمة، ص٤٤.

و (الثقاف) يقال: شكل من أشكال الرمل.

ويقال: هو شكل العقل في الدماغ.[١]

وجاء على سبيل المجاز -أيضا- قولهم: (ثقف الولد) إذا أدبه وهذب أخلاقه.

قال الحريري في (المقامات):

(صحبني غلام، قد ربيته إلى أن بلغ أشده، وثقفته حتى أكمل رشده)[٢]

قال الشريشي -في شرح المقامات-:

(ثقفته: قومته، وحذقته)[٣]

وبهذا المعنى جاء قول الزمخشري -أيضا- في (أساس البلاغة):

(ومن المجاز أدبه، وثقفه، ولولا تثقيفك وتوفيقك لما كنت شيئا، وهل تهذبت وتثقفت إلا على يدك؟)[٤]

-المعنى السابع:ثقف: سرعة وجود الشيء في الأذهان:

ومن ذلك قولهم:(فلان ثقف، لقف) أي سريع الوجود لما يحاول من القول.

قال ابن منظور:(يقال: ثقف الشيء، وهو سرعة التعلم...)[٥]

---

(١) الزبيدي، تاج العروس، باب الفاء، فصل الثاء.

(٢) الحريري، القاسم/ مقامات الحريري، المقامة الرابعة والثلاثون (المقامة الزيدية).

(٣) الشريشي، أحمد/ شرح مقامات الحريري -مط المنيرة- القاهرة ١٣٧٢هـ/ ١٩٥٢م، ١٧٨/٣.

(٤) الزمخشري، محمود بن عمر (ت٥٣٨هـ/ ١١٤٣م)/ أساس البلاغة، كتاب الثاء، مادة (ث، ق، ف).

(٥) ابن العربي، محمد/ أحكام القرآن -تحقيق علي محمد البجاوي- مط البابلي -القاهرة ١٣٧٧هـ/ ١٩٥٧م، القسم الثاني -ص٨٦.

-المعنى الثامن: ثقف: الأسر والحبس والقيد:

تقول: رجل ثقف، أي: يقيد الأمور بمعرفته.

وتقول: ثقفت العدو أسرته.

قال تعالى: ﴿ فَإِمَّا تَثْقَفَنَّهُمْ فِي ٱلْحَرْبِ فَشَرِّدْ بِهِم مَّنْ خَلْفَهُمْ ﴾[1]

* أي: فإما تأسرن بني قريضة في الحرب فافعل بهم فقط من العقوبة يتفرق به من كان وراءهم.

وقال ابن العربي:

(وهو (الثقف) عندي بمعنى الحبس)[2]

وقال الدباغ:

(ولما سرح عقبة من ثقافة، وتوجه إلى الشام...)[3]

وهذا المعنى نفسه أصبح جاريا على ألسنة العوام بأقطار المغرب العربي، ولا سيما (القطر الجزائري)، إذ يقولون:

((القاضي يثقف أملاك فلان، إذا جمدها، ولم يسمح لصاحبها بالتصرف فيها، حتى يقضي فيها بمقتضى الشرع، أو العرف، أو القانون الوضعي. والتثقيف عند العوام يأتي -غالبا- بمعنى المصادرة للشيء)).

وهو عندهم - أيضا - بمعنى الربط بالسحر، يقولون:

---

(١) سورة الأنفال ٨: آية ٥٧.

(٢) الدباغ، عبد الرحمن بن محمد (ت٦٩٦هـ/ ١٢٩٦م)/ معالم الإيمان في معرفة أهل القيروان، ط تونس ١٣٣٢هـ/ ١٩١٣م، ٤١/١.

(٣) الجزائري، الثقافة -المرجع السابق، ص١٢.

(هذه امرأة مثقفة)

أو (امرأة قد ثقفت)

* أي: هي مقيدة بالسحر فلم تتزوج ما دامت مربوطة مقيدة، وإذا تزوجت البكر ولم يستطيع زوجها افتضاضها أيام الزفاف.

قالوا: (هي مثقفة). أي مربوطة بالسحر، ويذهبون إلى الطالب ليحل عقدتها.

ويقولون -أيضا- (العروس مثقف) إذا أمسى في أيام عرسه مربوطا مقيدا، من جراء ضعف وفشل في عضوه التناسلي، ويعتقدون أن السبب في ذلك هو السحر، فيلجأون إلى الطالب، ليحل عقدته، ويفسخ سحره[1]!

-المعنى التاسع: ثقف: الحذق، والمهارة في إتقان الشيء:

قال ابن منظور:(ثقف الشيء ثقفا، وثقافا، وثقوفة: حذقة ورجل ثقف، وثقف، وثقف وثقف الرجل ثقافة، أي: صار حاذقا فطنا، فهو ثقف، وثقف مثل حذر وحذر...)[2]

وقد جاء هذا المعنى نفسه في بعض عبارات المتقدمين، مثل:

عبارة أبي حيان التوحيدي، في (المقابسات)[3]

وعبارة عبد الرحمن بن خلدون في (المقدمة)[4]

---

(١)الجزائري، الثقافة -المرجع السابق، ص١٢.

(٢) ابن منظور، لسان العرب -حرف الفاء، فصل الثاء المثلثة.

(٣) أبو حبان التوحيدي، علي بن محمد البصري (ت٤٠٠هـ/ ١٠٠٩م)، المقابسات، تحقيق حسن السندوبي، المط الرحمانية -القاهرة ١٣٤٨هـ/ ١٩٢٩م، ص٣٧٥.

(٤) ابن خلدون، المقدمة ص٤٤٨.

-المعنى العاشر: ثقف: الفهم والذكاء:

قال ابن منظور، في (حديث الهجرة).

(وهو غلام لقن، ثقف)، أي: ذو فطنة وذكاء. والمراد أنه ثابت المعرفة بما يحتاج إليه.

وفي حديث أم حكيم بنت عبد المطلب:

(إني حصان فما أكلم، وثقاف فما أعلم...)[1]

والثقاف -بكسر أوله- الفطنة من النساء.

وقال الزبيدي:

(وثقافه مثاقفة، وثقافا، وثقفه: غالبه، فغلبه، في الحذق والفطنة وإدراك الشيء وفعله).

قال الراغب: وهو مستعار.[2] وقد أرجع الراغب -في (مفرداته) جميع معاني (الثقافة) إلى معنى واحد، وهو الإدراك على وجه الإطلاق. سواء كان هذا الإدراك بالنظر والتدبر أو بغيرها. وجميع هذه المعاني المتقدمة الذكر قد تنوسيت، وتوقف استعمالها في أواخر القرون الوسطى، ما عدا (المعنى السادس) المجازي، و(المعنى التاسع) فقد بقي استعمالهما مستمرا حتى يومنا هذا.

---

(١) ابن منظور، لسان العرب، حرف الفاء فصل التاء والمثلية.
(٢) الزبيدي، تاج العروس، باب الفاء، فصل الثاء.

أما مفهوم الثقافة لدى الفرنج:

فإن لفظة (الثقافة) وفي اللاتينية (Culture) تعني الفلاحة أو التهذيب أو الزراعة أو التحصيل العلمي.

وعدد (كروبر وكلاكهون) لتعريف الثقافة ما يزيد على (مائة وستين) تعريفا.[١]

غير أن ثمة اتفاقا عاما بين علماء الثقافة والمهتمين بشؤونها على:

(أن الثقافة هي وسيلة مهمة من وسائل التكيف)[٢]

لذلك قال هيجل:(أن الأمة تكون عظيمة أو هامشية، بعظمة أو هامشية مثقفيها ومبدعيها) لكن مفهوم (ثقافة) أتسع معناها وتطابق في نظر بعض الباحثين مع مفهوم الحضارة، فعرفوها:(المجمل المتشابك على المعرفة والعقيدة والفن والأخلاق والقانون والعادات وكل القدرات والممارسات الأخرى التي يكتسبها الإنسان كعضو في جماعة)[٣].

وهذا يعني أنها التراث الاجتماعي المادي وغير المادي الذي يتلقاه الفرد من مجتمعه، لكن البعض لا يرون هذا التطابق بين الحضارة والثقافة، ويرون أن الثقافة تدل على مظاهر التقدم العقلي والمادي معا وهي ذات طابع اجتماعي.[٤]

(١) هرشلوفيتز، ج، أساس الانثروبولوجيا الثقافية، تعريب رباح النفاخ، دار الثقافة، دمشق ١٣٩٣هـ/ ١٩٧٣م، ص٢٦.
(٢) المرجع نفسه.
(٣) بطاينة، محمد ضيف الله، في تاريخ الحضارة العربية الإسلامية، دار الفرقان عمان، ١٤٠٩هـ/ ١٩٨٨م، ص٢٦.
(٤) الحفني، عبد المنعم، الموسوعة الفلسفية، دار ابن زيدون -بيروت (ب.ت) ص١٤٦-١٤٧.

وفي هذا المضمون يقصر ماكس فايير (مفهوم الثقافة على مجال المعاني والقيم التي يضيفها الإنسان إلى الحضارة، بينما يرى الحضارة في جانبها التنظيمي المادي نتاجا للتقدم العلمي والتكنولوجي ويراها أنها علمية وتراكمية، لأن انتسابها أساسا للطبيعة أكثر من انتسابها للإنسان).[1]

وعلى هذا الاعتبار يمكن أن نرتب مراحل التطور الاجتماعي على الوجه الآتي:-

١. البداوة تقوم أساسا على حياة الحيوان من صيد ورعي، ومن سجاياها وصفاتها التنقل وعدم الاستقرار والثبات.
٢. الحضارة تقوم على سكنى الحضر، والانتظام في مجتمعات متعاونة ومبدعة.
٣. المدينة تدل على سكنى المدن والانتظام في مجتمعات أكثر رقيا وتعقيدا.

خامسا: التـــــراث:

إن الأصل في مدلول هذه الفظة هو ما يتركه المتوفى لورثته، ثم توسع الناس في مفهومها، فأصبحت تدل على مخلفات البشر الحسية والمعنوية، ويمكن حصره في الأصناف التالية:

١) ما بقي من البنايات، والنحت، والتصوير، والزخرفة، وإلى ما يمت إلى الفنون الجميلة.
٢) ما بقي من المكتوبات والمقروءات، وتراث الصنفين السالفين يسمى (حضارة).
٣) الأديان، والعقائد، والتقاليد، والعوائد، وسلوكيات البشر في الحياة الدنيا.

---

(١) صليبا، جميل، المعجم الفلسفي، دار الكتاب اللبناني -بيروت (ب.ت) ٤٧٥/١.

الفصل الثاني

نظريات نشوء الحضارات

الفصل الثاني
نظريات نشوء الحضارات

من أجل تبيان وتنوير موقع الحضارة العربية الإسلامية نجد من المناسب استعراض (نظريات نشوء الحضارات) حتى نستجلي منها طبيعة اكتساب (مولد) الحضارة العربية الإسلامية وخصوصيتها.

لقد تعددت الآراء والنظريات في نشوء الحضارات وإن كنا نميل إلى الشمولية في التفسير، لا للأحادية، وقد ذهب القائلون فيها مناحي عدة، ومذاهب شتى، لأجل أن يكتشف (الباحث أو القارئ) أسبابها ودوافعها، وأهدافها وغاياتها. مقدماتها ومخرجاتها، من يتفق أو يتقاطع معه، ومن يؤيده ويناصره، إذا كان ينسجم مع فكره وقيمه وتطلعاته المشروعة، أو يقف ضده ويحاربه، إذا كان يخالف شرعته ومبادئه وسلوكه الخلقي.

أولا: نظرية البيئة:

لقد تنادى مفكرو اليونان بهذه النظرية منذ (٥) ق.م وربما كان لظروف العالم اليوناني آنذاك دور في تبني هذه النظرية، حيث قدمت ثقافاته وقل تنوع شعوبه، الأمر الذي جعل مفكري اليونان يعزون تنوع الثقافات إلى عامل بيئي (عنصر أحادي).

ويرى الباحثون أيضا[1] أن الحضارة البشرية عموما ظهرت بعد انتهاء الدور الجليدي الرابع ونحن الآن في الدور الذي ما بعد الجليدي Postglacial، فإذا جاء

---

(١) توينبي، آرنولد (١٨٨٩-١٩٧٦م) مختصر دراسة التاريخ، ط -القاهرة/٩٣/١/ وما بعدها.

عصر جليدي آخر وكسى الأرض بالجليد، فإن الحياة تقتصر على قسم صغير من الأرض، فالأحوال الإقليمية التي تتضمن ارتفاع أو انخفاض في درجات الحرارة، ومطر وجفاف، وصلاحية التربة أو عدم صلاحيتها، والموقع الجغرافي من الشروط الأساسية في نمو الحضارة وازدهارها أو في إعاقتها وانحطاطها.

وكذلك الشروط الاقتصادية من ضرورات نمو الحضارة[1]، إذ لا يمكن لأمة أن تنتقل من (البدائية) إلى (المدنية) إذا بقيت في دور التنقل واعتمدت على الصيد لأجل غذائها ومعيشتها، وعليه فإن تأمين الغذاء المنتظم هو شرط أساس للحصول على الكماليات التي تتضمنها الحضارة من علم وأدب وفن وترف ورخاء، وهذا يعني تعلم الإنسان الزراعة، ليستقر ويبني بيته، ومعبده، ومدرسته، ويخترع الأدوات اللازمة لإنتاجه، ويدجن الحيوانات، ويثقف نفسه وينقل التراث الفكري والأخلاقي لأحفاده، ومن بعد الزراعة تأتي الصناعة والتجارة اللذان ينشآن في المدن خاصة.

وقد نوه المسعودي (ت٣٤٦هـ/ ٩٥٧م) بتأثير البيئة على الإنسان وأعطى أمثلة دقيقة من المجتمعات التي تقطن المناطق الحارة أو الباردة، وكيف أن المناطق المعتدلة لها أثرها على الإنسان[2].

ونحن نقول: (إن الإنسان ابن بيئته يؤثر ويتأثر بها).

ــ

(١) تفاصيل ذلك، الرحيم، د. عبد الحسين مهدي، تاريخ الحضارة العربية الإسلامية، طرابلس ١٤١٥هـ/ ١٩٩٤م.

(٢) المسعودي، علي بن الحسين البغدادي (ت٣٤٦هـ/ ٩٥٧م)، مروج الذهب ومعادن الجوهر، مط السعادة، القاهرة، ١٣٧٧هـ/ ١٩٥٨م.

وقد أشار ابن خلدون (ت٨٠٨هـ/ ١٤٠٥م) أيضا لهذه النظرية وأورد كثيرا من الأحكام المبنية عليها، فذكر أثر البيئة على الصفات البايولوجية للإنسان وعلى الأخلاق والدين والعقل، ولذلك فضل المناخ المعتدل لاعتدال آثاره على الإنسان[١]. ومن خلال علاقة السياسة بالحضارة يرى ابن خلدون:- أهمية اجتماع البشر للتعاون على متطلبات الحياة، وأن وقع الخلاف لتعارض المصالح مما يفسح المجال للفريق المنتصر بتنصيب نفسه حاكما بين الناس وهو ما يعرف (بالملك الطبيعي) الذي يحمل فيه الناس على رغبة الحاكم، فيقع الظلم والعداوة والقتال حتى ينجح العقلاء بتدبير شؤون الناس ويسمى هذا النوع من الحكم (بالملك السياسي)[٢]، الذي يحمل فيه الناس على مقتضى النظر العقلي، غير أن هذا الملك لا يعني بعلة الوجود، ومن هنا جاءت (السياسة الدينية) التي تأخذ بعين الاعتبار مصالح الناس في الحياة الدنيا والآخرة بشكل كامل وهذا النوع من الملك يعرف (بالخلافة) التي يحمل فيها الناس على مقتضى الشرع في مصالحهم الدنيوية والأخروية. لذلك فإن (الشروط الجغرافية والاقتصادية) هي مقدمات ضرورية للحضارة لكنها لا تولدها، من حيث أن هناك (عناصر سياسية ونفسية) هامة تعمل عملها كوجود (نظام سياسي) يحمي الجماعة، ووجود (لغة) كوسيلة للتبادل الفكري، ووجود (نظم أخلاقية) متمثلة بالدين، والعائلة، والمدرسة، توحد بين الناس من خلال قواعد للسلوك.

---

(١) ابن خلدون، المقدمة، ص٩١.

(٢) المصدر نفسه، ص٤٦-٤٨، ٢١٠-٢١١.

من جهة أخرى يفترض توخي التربية لتأمين انتقال تراث الجماعة وحضارتهم من لغة ومعارف وآداب وعادات وفنون إلى الأجيال القادمة. لذلك لا يمكن الربط[1] بين الحضارة والبيئة كالعلاقة بين العلة والمعلول، وأن هذا ما لا يمكن الدلالة عليه، فضلا عن تأثير البيئة على الإنسان في الوقت الحاضر بدأ ينحسر خلافا لما كان عليه الحال في الأزمنة السابقة يوم كان أثرها واضحا على الإنسان في حياته العامة.

ثانيا: نظرية الجنس أو العرق:

إن المقصود بالجنس أو العرق: هو مجموعة الصفات الموروثة التي تميز جماعة معينة من البشر.

ويعول أصحاب هذه النظرية على (اللون) ويرون أن التفوق البشري مرتبط به، لذلك فهم يضعون السلالة النوردية ذات البشرة البيضاء على منصة الشرف.

ثم تلقى الغرب الأوربي فكرة التفوق (العرقي- العنصري) واستغلتها كل دولة بما يخدم مصالحها الاستغلالية لتبرير أعمالها العدوانية، وتفسير الحوادث التاريخية بالشكل الذي يناسب مصلحتها. وتبعا لذلك أعلن بعضهم أن (الحرب) عملية طبيعية لابد منها، وأن أعمال الغزو والسطو والتدمير والاغتصاب تمثل الجوهر الأساس لنظام (الطبيعة) لأن البقاء ينبغي أن يكون للأصلح والأفضل. وفي هذا قال (وولشي) نقلا عن (كانت) إن العرب تحث الناس على السعي والاكتشاف، وبذلك يساهمون في تحقيق غزو الطبيعة في تنظيم المجتمعات البشرية[2].

(١) بطاينة، في تاريخ الحضارة العربية الإسلامية، ص١٠.
(٢) دواه، د. محمود أحمد، الاتجاهات المختلفة في تفسير التاريخ، مجلة الفكر العربي، العدد ٥٨ السنة ١٠ تشرين الأول (أكتوبر) ١٤١٠هـ/ ١٩٨٩م، ص٤٨ وما بعدها.

ولما احتدم النقاش في بداية (القرن التاسع عشر الميلادي) ومن خلال أفكار ومبادئ الثورة الفرنسية للتفريق بين (الغالين) سكان فرنسا الأصليين و(الفرنجة) باعتبارهم برابرة مغتصبين حيث نادى (الكونت دي جوبينو) بنظرية الجنس مدعيا أن كلا الجنسين ينتسب إلى العنصر النوردي. وجاء الكشف اللغوي الآري (الهندي أوربي) الذي يرى أن اللغات الأوربية واليونانية واللاتينية تنتسب إلى عائلة لغوية واحدة هي (اللغة الآرية) أو (الهندية الأوربية)، دعما لنظرية (دي جوبينو)، التي أكدت أن هذا الجنس هو الذي أنتج العبقريات، ويرجع إليه الفضل في التقدم العلمي على مدى العصور، وقد صادفت هذه النظرية رواجا بعد أن حقق الأوربيون (النهضة الصناعية) وظهرت (حركة الاستعمار) ووجد العنصريون في ألمانيا وإيطاليا (النازيون والفاشيون) وغيرها من الدول الأوربية في هذه النظرية طريقهم لتحقيق أهدافهم وأطماعهم. وكذلك التمييز العنصري في الولايات الأمريكية، وفي فلسطين (المحتلة) من الصهاينة المغتصبين.

وإذا كان الغرب الأوربي يرى في لون البشرة أسلوبا للتمييز بين الأجناس، فإن (اليابانيين)يرون علاقة بدنية أخرى أساسا لذلك وهي (خلو الجسم من الشعر)، حيث يكون (الإنسان الأمرد) أعلى من غيره، باعتباره أبعد منزلة من (القرد) خلافا للإنسان ذي الشعر الذي يكون أقرب منزلة من القرد[1].

أما تراثنا العربي الإسلامي فحمل لنا نصا ما معناه وفحواه: (بارك الله بالرجل المشعر، وبارك الله بالمرأة الملساء).

(١)دواه، د. محمود أحمد، الاتجاهات المختلفة في تفسير التاريخ، مجلة الفكر العربي، مرجع سابق.

لم يعد لهذه النظرية نصيب وافر من التأييد في الوقت الحاضر باستثناء (الصهاينة) و(الإدارات الأمريكية)، ذلك أن الدراسات العلمية الحديثة أثبتت أن الجنس البشري حالة واحدة من حيث التكوين البايولوجي، وأن انتساب اللغات إلى أصل واحد لا يعني بالضرورة العرق الواحد، كما أن الحضارة لم تكن وقفا على جنس دون آخر، إذ يمكنها أن تظهر في أي عرق، وفي أية قارة، وقد ظهرت في عصور مختلفة وفي أماكن متباينة، في العراق ومصر وسوريا واليمن والصين والهند واليونان والرومان والمكسيك والمدن الإيطالية وغيرها من بقاع العالم.

فالعنصر[1] لا يكون مسؤولا كليا عن تكوين الحضارة، وإنما الحضارة تكون الشعب، والشروط البيئية العامة تساعد في تكوين الحضارة، وهذه توجد نموذجا من البشر. فالبريطاني لا يكون الحضارة البريطانية لوحده، وإنما هي التي تكونه فتسيطر عليه حتى عندما يكون خارج بلاده، وعندما تتجلى مظاهرها فيه في بلاد أخرى، فمعنى ذلك أنه لا يوجدها هناك، وأنما يعترف بسيطرتها عليه. إذا وجدت الشروط نفسها فإن عرقا آخر يمكن أن يأتي بالحضارة نفسها إذا كان بالخصوصية الذاتية نفسها كما نرى.

من جهة أخرى لا يمكن لجنس أو عرق أن يدعي تفوقه على مر العصور، ذلك أن الطبيعة الإنسانية والمصالح المتبادلة أقامت جسور الصلات والعلائق بين الشعوب والأمم طوعا أو كرها ومزجت بينهم في علاقات مصاهرة وزواج واستقرار. وإذا كان هذا حال الأمم والشعوب من العناصر والأجناس، فكيف

(١) حداد، المدخل إلى تاريخ الحضارة، ص٢٠.

يحق للقائلين بهذه النظرية الانفراد بصناعة الحضارة وابتكارها؟لذا أصاب هذه النظرية التقهقر والنكوص.

ثالثا: نظرية الأجيال المتعاقبة والدورات التاريخية:

قرن عبد الرحمن بن خلدون في موضع من مقدمته بين (عمر الدولة) و(عمر الشخص)، ويرى في وجود الدولة (ثلاثة أجيال) فقال:

"أن عمر الدولة لا يعدو في الغالب ثلاثة أجيال[١]". يصف (الجيل الأول) بالبداوة والبسالة والمجد بسبب صورة العصبية، بينما تتحول الدولة في (الجيل الثاني) إلى الحضارة والترف واستبداد الحاكم واستكانة الرعية، في حين تكون الدولة في (الجيل الثالث) قد فقدت حلاوة العزة والعصبية، بما فيها من ملكة القهر، ويبلغ فيها الترف غايته فيصبح أبناؤها عيالا عليها، ويقصرون عن المدافعة في حالة تعرضهم للخطر، فيلجأ صاحب الدولة إلى الاستظهار بسواهم من أهل النجدة حتى يأذن اللـه بانقراضها بعد هرمها وتخلفها وهو (الجيل الرابع) في دورتها.

والظاهر أن نظرية ابن خلدون هذه في نشوء الدولة وزوالها وتشبيه مراحل تطورها بعمر الإنسان قد وجدت طريقها إلى فلاسفة الغرب الأوربي من أمثال: المؤرخ والفيلسوف الإيطالي فيكو[٢] (١٠٧٩-١١٥٧هـ/ ١٦٦٨-١٧٤٤م) الذي يرى في نظريته التي سماها (نظرية الدورات) بأن حضارات الدول تمر بالأدوار الآتية:

(١) ابن خلدون، المقدمة، ص١٨٨.

(٢) بطاينة، ص١١-١٢.

١. دور عصر الآلهة (الدور الإلهي) حيث يعتقد الناس أن الآلهة تدير كل شيء فهو لا يملك من أمره شيئا، وفي هذا الدور فيما نرى إشارة إلى ضعف الإنسان وهو ما يمكن أن تسميه (دور الولادة).

٢. دور البطولة (الدور البطولي) حيث يظهر دور الشخصيات الهامة القوية، وهذا الدور يمكن أن نصطلح عليه دور (الشباب والقوة).

٣. دور الحقيقة (الدور الإنساني) حيث تسود المساواة الطبيعية بين الناس، وتسود القوانين التي يتساوى فيها الجميع، وهو فيما يعتقد (دور النضج الحضاري).

٤. دور الانتكاس الحضاري والعودة إلى البربرية، التي لا تلبث أن تنبثق عنها حضارة جديدة تعود فتنهار وهكذا، ولا شك أن هذا الدور هو (دور السقوط والانهيار).

لقد حاول فيكو من خلال نظريته التي سماها (نظرية الدورات) أن يبين القوانين التي بها يتعين مصير الشعوب من نشأتها وتقدمها ورقيها إلى انحطاطها ونهايتها، فقال بوجود قوانين واحدة تدخل في تشكيل الشعوب ويشعر بوجودها طبقة من الناس أو شعب من الشعوب أو أمة من الأمم، دون أن يعرف أحدها الآخر، ودون أن تكون هذه القوانين ناجمة عن العقل، بل تكون آتية من الحس المشترك.

ويرى الدارسون[1] أن نظرية فيكو تتعارض مع ما توصل إليه (الفلاسفة العقليون) الذين يرون (أن المجتمع من صنع العقلاء) بينما لا يرى فيكو لهؤلاء وجودا قبل وجود الدولة والحضارة.

---

(١)بطاينة، المرجع السابق.

وهناك أيضا أشبنجلر[1] (١٢٩٨-١٣٥٥هـ/ ١٨٨٠-١٩٣٦م) الألماني الذي يرى أن حضارات الدول كالكائنات الحية تمر في (دور الولادة والطفولة) ثم (دور الشباب والنضج) ثم (دور الشيخوخة والسقوط) فقال:

"إن الحضارة تولد في اللحظة التي تستيقظ فيها روح كبيرة، وتنفصل هذه الروح عن الروح الأولية للطفولة الإنسانية الأبدية، كما تنفصل الصورة عما ليس له صورة، وكما ينبثق المحدود من اللامحدود، وأن الحضارة ككل كائن حي لها طفولتها وشبابها ونضوجها وشيخوختها، وأنها تموت عندما تحقق روحها جميع إمكاناتها الباطنية على هيئة شعوب ولغات ومذاهب دينية وفنون وعلوم ودول، وأن الحضارة عندما تحقق هذه الأمور وتستنزف إمكانات روحها في تجسيد هذه الإنجازات تتخشب وتتحول إلى مدنية وأخيرا تتجاوز المدنية إلى الانحلال والفناء"[2].

ويرى البعض أن الشبه الذي رصده أشبنجلر بين (نشوء الحضارات) و(الكائنات العضوية) لا يعدو كونه سببا ظاهريا لاختلاف طبيعتهما فبينما تكون الحضارة من صنع الإنسان فإن الكائنات العضوية ذات طبيعة فسيوليوجية فيه مختلفة.

فيما تقدم من الآراء يظهر التوافق بين (ابن خلدون) و (أشبنجلر) في التشابه بطبيعة نشوء الحضارات والكائنات الحية من حيث مراحلها في (الولادة) و(النضج) و(الشيخوخة) (ضعف قوة ضعف).

---

(١) اشبنجلر، تدهور الحضارة الغربية، ص١٢.

(٢) بطاينة، ص١٠.

أما (فيكو) فإنه يلتقي مع ابن خلدون في أمرين:

-الأول: بوجود قوانين تنظم علاقة البشر ويهتدي إليها الناس بالحس المشترك والذي عبر عنه ابن خلدون (الإنسان مدني بالطبع) وأشار إلى قانون نشاط الدولة والملك فقال: أن الملك... إنما هو بالعصبية متآلفة من عصبيات كثيرة تكون واحدة منها أقوى من الأخرى كلها فتغلبها وتستولي عليها حتى تصيرها جميعا في ضمنها وبذلك يكون الاجتماع والغلب على الناس والدول... وتلك العصبية الكبرى أنما تكون لقوم أهل بيت ورئاسة فيهم لا بد من أن يكون واحد منهم رئيسا لهم غالبا عليهم فيتعين رئيسا للعصبيات كلها لغلب منبته لجميعها...[١].

-الثاني: الذي يلتقي فيه فيكو مع ابن خلدون فهو نظريته المعروفة (الدورات التاريخية) للدول وحضاراتها والتي قالها ابن خلدون من قبل بحدود أربعمائة عام ورددها من بعده أشبنجلر والقائمة على أساس (الضعف والقوة والنضج الحضاري ثم السقوط).

ونحن نرى أن كلا من (فيكو) و(أشبنجلر) ربما قد اطلعا على أفكار المسعودي ونظرية ابن خلدون في هذا المجال ليتفقا معهما في الفكرة العامة وتفاصيل بعض المراحل. إلا أن أشبنجلر[٢] يضع الحضارة العربية موضع الأصالة فهو يرى أن جميع الحضارات التي قامت في الشرق الأوسط ما عدا الحضارة

---

(١) ابن خلدون، المقدمة، ص١٨٣-١٨٤.

(٢) اشبنجلر، ص١٧، ٢١.

الفرعونية هي حضارة عربية وأن طبعت بمظاهرها المنطقة الممتدة من الصين وحتى المحيط الأطلسي، كما يرى فيها الإيمان يتقدم على العقل وهو ما يفسر فكرة الأمة فيها على أساس الروابط الروحية.

رابعا: نظرية التحدي والاستجابة:

تنتسب هذه النظرية إلى المؤرخ البريطاني المعاصر أرنولد توينبي (١٨٨٩-١٩٧٦م)[1] والتي نشرها في كتابه المعروف (مختصر دراسة التاريخ)[2] حيث بحث فيه عن أسباب نهوض الإنسان البدائي وتدرجه في الحضارة، وهل يعود هذا إلى صفات خاصة وذاتية أو يتعلق بخصائص في البيئة أو بتفاعل الطرفين؟ ثم قرر أنه لا يوجد عرق متفوق بدأ في الحضارة، كما لا يمكن أن تفسر نشوء الحضارة بأسباب بيئية حيث تتوافر الشروط التي تسهل أسباب الحياة والمعيشة.

وقد استرشد (توينبي) في الوصول إلى نظريته بعد أن درس (الأساطير) التي تتجلى فيها حكمة الجنس البشري من الفكر الديني وكتابات علماء الطبيعة، وقال:

بأن قضية ظهور الحضارة هي (قضية نفسية) فهي ليست مواهب بيولوجية ولا بيئية جغرافية وإنما ردود فعل للتحدي في بعض الأحوال الصعبة التي تدفعه إلى بذل جهد أكثر. ويستشهد (توينبي) في تاييد نظريته (بالصحراء العربية) في آسيا و(الصحراء الأفريقية) اللتين كانتا قبل فجر الحضارة تسودهما أحوال مناخية معينة مطيرة كثرت بسببها الأعشاب والأحراش والنباتات، ثم حدث أن تغيرت هذه

---

(١) توينبي، ١٠١/١.

(٢) تعريب فؤاد شبل، ط جامعة الدول العربية، القاهرة ١٣٨٦هـ/ ١٩٦٦م.

الأحوال المناخية بسبب الجفاف على أثر تغير نظام سقوط المطر فتعرض الإنسان في هذه البلاد إلى تحد كانت استجابته لهذا التحدي مختلفة.

حيث قيل: (الحاجة أم الاختراع). ونحن نقول: (الإبداع نتاج المعاناة).

فمنهم من بقي مقيما في مكانه لكنهم بدلوا من عاداتهم وأصبحوا بدوا رحلا، ومنهم من انحدر إلى المناطق المدارية في الجنوب حيث الغابات وحافظوا على حياتهم البدائية، ومنهم من اتجه نحو الشمال إلى (العراق بلاد وادي الرافدين وإلى بلاد الشام)، بالنسبة لسكان صحراء شبه الجزيرة العربية وإلى (وادي النيل) بالنسبة لسكان الصحراء الأفريقية حيث المستنقعات في كليهما، لكن هؤلاء قبلوا التحدي فسعوا على تجفيف الأرض وإعدادها للزراعة وبذلك ظهرت الحضارة السومرية في وادي الرافدين والحضارة الفرعونية في وادي النيل.

وبالمنظور نفسه فسر (توينبي) نشوء (الحضارة الصينية) و(الايجية) والحضارات التي تطورت من الحياة البدائية، أما الحضارات التي نشأت بتأثير حضارات أخرى فيراها بأسباب بشرية وليست جغرافية، فنظريته إذن تقوم على أساس أن الأحوال الصعبة المعاكسة وليست الأحوال المواتية هي التي تنتج الحضارات، وأن هذا الأمر يتناسب تناسبا عكسيا مع شدة الحوافز.

وعليه فالباحثون[١] يرون نظرية توينبي من خلال استدراكه تقوم على الدور الأساس للإنسان في حالة التغير لا طبيعة التحدي، حيث أن بعض التحديات قضت على مجتمعات - فيما قال- ولكنها أخيرا أدت إلى ردود فعل

---

(١) حداد، المدخل، ص٢٤.

مناسب من مجتمع آخر أو من جهة أخرى. وهو يضرب مثلا على ذلك بالاعتداء (الهيليني) على (العالم السرياني) حيث كانت الردود فاشلة ضد الحضارة الهلينية والتي تمثلت بالحركة الزرادشتية والكايبة اليهودية والنسطورية واليعقوبية، بينما نجح الإسلام فيما فشلت فيه تلك الحركات السابقة كرد فعل جاء من جهة أخرى.

خامسا: النظرية المادية:

ترى النظرية المادية[1] (الوجود) بأنه مادة متطورة تطورا ذاتيا، وبما أن المجتمع جزء من هذا الوجود، فهو متطور بشكل حتمي وبصورة تصاعدية من الحالة الأولى إلى الحالة الأفضل، وحيث أن النظرية المادية تؤكد على (أن المادة أصل الفكر في المجتمع). لذلك فهي تعتبر شروط الحياة المادية في المجتمع أصل الحياة العقلية فيه، ولما كانت شروط الحياة المادية في المجتمع متغيرة حتما لوجود المتناقضات فيه فإن الحياة العقلية متغيرة هي الأخرى.

وتحدد النظرية شروط الحياة المادية بالوسط الجغرافي والكثافة السكانية وأسلوب الإنتاج، لكنها تؤكد على الدور الأساس لأسلوب الإنتاج في تكون المجتمع.

وترى النظرية: أن (أسلوب الإنتاج) يتألف من (القوى المنتجة) (العمال أو البروليتاريا) و(أدوات الإنتاج) و(علاقات الإنتاج) أو (معارف الإنتاج) التي تظهر بين الناس أثناء سير الإنتاج، وتقول النظرية:

أن التغير يبدأ في أدوات الإنتاج، وأن العلاقات بين الناس تتغير تبعا لهذا التغير في أدوات الإنتاج، وعليه فالمجتمع يتغير قياسا لهذا التغير.

(١) النزين، سميح عاطف، الإسلام وثقافة الإنسان، ط بيروت (ب.ت)، ص١٥٥، ١٥٩، ١٦٣.

وتخلص النظرية إلى أن البشرية عرفت خمسة أنواع من المجتمعات أو الحضارات هي:

١- المشاعية البدائية.

٢- الرق.

٣- الإقطاع.

٤- الرأسمالية.

٥- والاشتراكية... وبحسب أدوات الإنتاج التي كانت في كل مرحلة.

على أن النظرية المادية وقعت بأوهام فكرية وعملية أتت على جانب كبير من مساحاتها التطبيقية في بعض الأنظمة السياسية العالمية في عالمنا المعاصر، وأن معظم تلك الأوهام تناولها المفكرون والكتاب في الرد على النظرية مؤكدين على وجوب وجود خالق(١) للمادة إذ لا يمكن أن يكون الفكر انعكاس المادة على الدماغ، وأن المادة أصل الفكر في المجتمع.

كما رد الباحثون على هذه النظرية ونفوا دور أسلوب الإنتاج في تغيير المجتمع وانتقاله من مرحلة حضارية إلى أخرى، فهم يرون أن حالة المجتمع ترتبط بحضارته المتمثلة بمفاهيمه الأساسية عن الكون والإنسان والحياة وأفكاره، وأنظمته وقوانينه المنبثقة عنها، فإذا تغيرت حضارته تحولت حالته وسمته، وهم يضربون مثلا على ذلك في تحول المجتمع العربي إلى مجتمع إيماني إسلامي دون أن يسبق ذلك تغير في أساليب الإنتاج.

---

(١) البوطي: محمد سعيد رمضان، نقض أوهام المادية الجديدة، ط بيروت (ب.ت)، ص٩٥.

كما أن القول بدور التناقضات في التطور الحتمي قول غير صحيح في نظر هؤلاء الدارسين، إذ يمكن أن تزول المتناقضات بين الأطراف المختلفة ولا يتحتم حدوث تغيير في المجتمع، وأنما يغير المجتمع أنظمته وأفكاره بتأثير مفكريه ومقدرتهم أو وقوعه تحت تأثير سلطان خارجي أقوى منه ماديا وفكريا.

وخاتمة القول:

هو أن هذه النظريات مجتمعة تعمل بدرجة أو بأخرى في نشوء الحضارة وازدهارها، وأن الخلل فيها أو ببعضها بنسب متفاوتة قد يؤدي إلى ضعف الحضارة أو موتها لأنها ليست شيئا طبيعيا، وأن ديمومتها تقضي أن تحصل عليها الأجيال وتستمر بتغذيتها، فإذا انقطع موردها أو توقف انتقالها بصورة تامة وجدية تموت وتنتهي. فالإنسان يختلف عن الحيوان بالتربية والتعليم أي بعملية (نقل الحضارة) بغض النظر عن كون تلك الحضارة متقدمة أو بدائية.

ومن هذه الأسباب الخارجية:

-الحالة الأولى:

هي حالات (الغزو والسطو والحكم الأجنبي) فقد يكون (الشعب الغازي) أو (المهاجم) (بدائيا) في حضارته قياسا (للشعب المغلوب) مما يعرض حضارته إلى الدمار والتخريب. ومن أمثلة ذلك هجوم (القبائل الجرمانية) على (الإمبراطورية الرومانية) في القرن الخامس الميلادي، وهجوم (التتار) على عاصمة الخلافة العباسية (بغداد) في القرن السابع الهجري/ الثالث عشر الميلادي وتحديدا في (٦٥٦هـ/١٢٥٨م).

-الحالة الثانية:

قد يكون (الشعب المهاجم) أقل مستوى حضاريا من (الشعب المهاجم)، عندئذ تحصل فترة توقف للحضارة الأصلية أثناء فترة الغزو أو الهجوم، ثم لا يلبث (الشعب الغالب) أن يقتبس من مختلف مظاهر الحضارة السابقة بعد أن يكون زمن الهجوم أو الغزو قد مضى وأتى زمن الاستقرار، ولما كان هذا الشعب الغالب قد طبع مظاهر الحضارة التي اقتبسها بطابعه الخاص فيكون قد تسبب في نشوء حضارة جديدة، وهو ما حصل بالنسبة (للحضارة الأيجية) في (كريت) أثناء الغزو اليوناني. والحضارة البيزنطية والفارسية أثناء الفتح العربي الإسلامي، حيث ظهرت الحضارة العربية الإسلامية المتميزة في روحها ونهجها وطابعها ومظاهرها واهتماماتها ونظمها.

-الحالة الثالثة:

حينما يكون (الشعب المهاجم) أو (الغازي) (أرقى مستوى حضاريا) من (البلاد المهاجمة) وأنه جاءها بجيشه وجالياته من أجل السكن والاستقرار، عندئذ تسود حضارة المنتصر حيث تتأثر حضارة الشعب المغلوب وتقتبس من الحضارة القادمة ما يمكن اقتباسه بحكم التأثر بها وفي هذا الجانب يمكن الاستشهاد بتأثير الحضارة الأوربية (سلبا أو إيجابا) أثناء عصر الاستعمار في مختلف أنحاء العالم.

-الحالة الرابعة:

فقد تكون (البلاد المغلوبة) عريقة في حضارتها فلا تسودها حضارة (الغازي) أو (المهاجم)، وإنما يحصل تبادل حضاري بين الطرفين، وقد يعطي

(الشعب المحكوم) إلى (الحاكم) أكثر مما يأخذ منه، وهذا ما حصل للعرب للمسلمين حينما احتل الفرنج (الصليبيون) أرضهم، وكذلك لليونان عندما حكمهم (الرومان) حيث اقتبس الفرنج (الصليبيون) من بلاد العرب كثيرا من مظاهر حضارتهم، وكذلك فعل الرومان في اقتباسهم من حضارة اليونان.

ومن الأسباب الخارجية في اتصال الحضارات عدا (الغزو) أو (الاحتلال) هو الاتصال بطريق (الهجرة) سواء كانت مصحوبة بالفتح أو بدوافع اقتصادية واجتماعية حيث يتجه المهاجرون إلى مناطق غير مأهولة أو بدائية فتسود حضارتهم ونظمها بسبب رقيها، كما فعل الفينيقيون وغيرهم في العصور القديمة، والإنجليز وأمثالهم من الأوربيين في العصور الحديثة. (عمليات الاستكشافات كمقدمة للمستعمرات).

ولم يقتصر انتقال الحضارة مباشرة من بلد ومن شعب إلى آخر، بل قد تنتقل أحيانا من طريق بلد ثالث وهذا ما حصل بالنسبة للحضارة العربية الإسلامية حيث انتقلت إلى أوربا من طريق إسبانيا وصقلية والمدن الإيطالية التي اتصلت بالعرب المسلمين أثناء الحروب الصليبية، كذلك انتقلت حضارة اليونان إلى الغرب الأوربي من طريق العرب المسلمين، وغير ذلك كثير.

وأخيرا فللحضارة عناصر تتألف منها، ومظاهر متعددة تظهر بها بشكل مؤسسات رسمية كالنظام السياسي والمالي والإداري والاجتماعي والعسكري والثقافي والصحي، ومؤسسات شعبية كالنقابات والأصناف والمدارس والتكايا

والزوايا والربط، لأن هذه مجتمعة تكشف لنا عن حيوية الأمة ونشاطها الطبيعي ونموها الذاتي... واكتشاف هويتها، بمنظور حضاري ومستقبلي.

سادسا: أسباب قيام الحضارات في الوطن العربي:

لقد نشأت الحضارات أول ما نشأت في الوطن العربي، وتطورت وازدهرت فيه على مر العصور، ولذلك أسباب رئيسة. منها ما يلي:-

أولا: الأسباب الرئيسة لقيام الحضارات في الوطن العربي وهي:

١-   الجنس العربي:

يمتاز الجنس العربي بإرادة، وقوة شخصية متميزة، ومعنويات عالية وصبر ومطاولة، فقد امتاز العرب بروح التضحية والفداء تصل بالفرد إلى أن تستوي في ذاته كفتا الحياة والموت من أجل عرضه أو قبيلته أو أمته. والعربي يحمل روحا مثالية عالية يستنكف الهزيمة ويتحمل المسؤولية، وجبل على التحدي والاستمرار والبقاء، نزاع للحرية والأحرار، دائما هم صناع التاريخ والحضارة.

٢-   الوطن العربي:

إن الوطن العربي مهبط الوحي، ووطن الفكر والقيم والمثل، فلم تنزل رسالة سماوية واحدة خارج حدود هذا الوطن، والرسل ومعظم الأنبياء الذين كان عددهم (١٢٤٠٠٠ نبي) و(بضعة عشر و٣٠٠ رسول) وفي القرآن الكريم ذكر (٢٥ نبيا ورسولا) و(أولو العزم) هم (الصابرون) وعددهم (٥) وهم: (نوح، إبراهيم، موسى، عيسى، وخاتم النبيين وإمام المرسلين محمد صلى الله عليه وسلم وعليهم جميعا) والصالحون والمنذرون هم من أبناء

أمهات هذا الوطن وإن ((صفاء العرب الذهني وذكاؤهم الفطري وعقولهم الراجحة وبصيرتهم النافذة)) قد جعلتهم يقتنعون بما هو مفيد للبشرية، ولهذا نجد أن آلية الحركة التاريخية إنما ترجع في حقيقتها إلى مجموعة من العوامل النفسية التي تعتبر ناتجا عن بعض القوى الروحية وهذه القوى الروحية هي التي تجعل من النفس المحرك الجوهري للتاريخ الإنساني. والوطن العربي وطن (الأفكار) و(الروح) و(العقيدة)، والعرب ذوو أصالة، ووفاء، وعزم، وثقافتهم، وحضارتهم منغمسة في تاريخ أمتهم، متينة الأواصر بالأجيال العربية على مر العصور، مما نتج عنه نشوء وتطور مظاهر الحضارة في كثير من بلدان هذا الوطن.

ثانيا: أما الأسباب الثانوية لقيام الحضارات في الوطن العربي فهي:

١. الموقع الجغرافي:

تميز الوطن العربي منذ العصور القديمة بموقع جغرافي مهم، نظرا لأنه يشرف على عدة بحار ومحيطات، مثل البحر العربي، والبحر الأحمر، والبحر المتوسط، والخليج العربي، والمحيط الأطلسي، والمحيط الهندي وهي لها أهمية كبرى في التجارة الدولية وتعد حلقة اتصال ساهمت في نشر الحضارة العربية خارج هذا الوطن.

وكذلك يشرف هذا الوطن على ممرات بحرية، مثل مضيق جبل طارق، الذي يربط بين البحر المتوسط والمحيط الأطلسي، ومضيق باب المندب جنوب البحر الأحمر، ومضيق مسقط في مدخل الخليج العربي.

٢. خصوبة التربة ووفرة المياه:

يضم الوطن العربي أراض خصبة جدا حول مجرى نهري دجلة والفرات في العراق، ومجرى نهر النيل في السودان ومصر، ومنطقة الشام، وإفريقية. كما أن

سقوط الأمطار بكثرة في بعض مناطقه، ووجود الأنهار في بعض المناطق الأخرى، أدى إلى وفرة المياه وأدى بأثر هذا وذاك أن استقر في تلك المناطق جماعات كبيرة من السكان واشتغلت بالزراعة، والتجارة، وكذلك الصناعة، وبالتالي بناء الحضارة.

٣. اعتدال المناخ ووفرة الخيرات:

يتمتع الوطن العربي في معظم مناطقه بمناخ معتدل ساعد كثيرا على زيادة نشاط السكان من ناحية، وأدى إلى المحافظة على الآثار التي خلفها الأجداد القدماء من ناحية أخرى.

كما أن وجود عدة أقاليم مناخية في الوطن العربي نظرا لاتساع رقعته أدى إلى تنوع المزروعات وبالتالي إلى توافر الخيرات.

٤. وفرة المعادن والأخشاب والحجارة:

كان لوجود المعادن والحجارة في اليمن، والعراق، والشام، ووادي النيل، وشمال أفريقيا، أثر كبير على تقدم العمارة والفنون الصناعية في الوطن العربي، الذي اشتهر،بتماثيله،وسدوده،وقصوره،وجنائنه،وقلاعه وحتى قبوره (أهراماته) ومعابده، وصناعاته المعدنية والفخارية المختلفة،كما أن وفرة الأخشاب في جبال الشام قد دفع العرب الكنعانيين (الفينيقيين) إلى استخدامها في بناء السفن والاشتغال بالتجارة.

الفصل الثالث

المقصود بالحضارة العربية الإسلامية وأهم الدعائم والمرتكزات التي قامت عليها

الفصل الثالث
المقصود بالحضارة العربية الإسلامية
وأهم الدعائم والمرتكزات التي قامت عليها

إن الحضارة العربية الإسلامية، هي تلك الحضارة المتجانسة وذات الصفات والخصائص التي تميزت بها عن غيرها، والتي نشأت في الوطن العربي ورعاها العرب، ووجهوا وملكوا ناصيتها في ظل الإسلام ومبادئه السامية من البعثة النبوية الشريفة، حيث نمت واتسعت دائرة نفوذها لتسود رقعة واسعة شاسعة من الأرض من حدود الصين شرقا إلى المحيط الأطلسي غربا، وحملت مشعل النور والهداية والأيمان، وأنارت السبيل للبشرية المضطهدة المقهورة لمدة طويلة ومن مؤثراتها القوية والمتعددة بزوغ عصر التنوير والنهضة الأوروبية، فأسهمت بذلك بنصيب كبير ووافر، ليس في بناء الحضارة الأوربية الحديثة فحسب، وإنما أيضا في بناء الحضارة الإنسانية جمعاء.

أما بصدد كون هذه الحضارة (عربية إسلامية) فقد اختلف الباحثون في تسمية هذه الحضارة ونسبتها فمنهم من قال أنها: (حضارة عربية)،ورأي فريق آخر أنها:(حضارة إسلامية)، وثالث قال أنها:(حضارة إسلامية عربية)، ورابع قال أنها:(حضارة عربية إسلامية)

وقدم كل منهم حججه وبراهينه لتدعيم وجهة نظره، التي لا يتسع المقام لمناقشتها بطبيعة الحال. ولكن سننوه ببعضها بشيء من الإيجاز.

أولا: أصحاب الرأي الأول:

وهم يميلون إلى تسمية هذه الحضارة بالحضارة العربية على أساس (دور العرب واللغة العربية) فيها، كما فعل (جوستاف لوبون) الذي سمى كتابه (حضارة العرب)[1] علما أنه يتحدث فيه عن العرب قبل وبعد الإسلام.

وكما فعلت (زيغريد هونكه) التي سمت كتابها:

(شمس العرب تسطع على الغرب: أثر الحضارة العربية في أوربا)[2].

وكذلك (جاك ويسلر) في كتابه (الحضارة العربية)[3] وأيضا (هل) في كتابه (الحضارة العربية)[4].

وقد توسط في ذلك (مصطفى الرافعي) فسمى كتابه:

(حضارة العرب في العصور الإسلامية الزاهرة)[5].

ثانيا: أصحاب الرأي الثاني:

فهم يميلون إلى تسمية هذه الحضارة بالحضارة الإسلامية على أساس أن (الدين) كان طوال العصور الوسطى أكبر ما يهتم به الإنسان، خصوصا إذا علمنا

---

(١) تعريف عادل زعيتر، مط دار المعارف -القاهرة- ١٥٧٦هـ/ ١٩٥٦م.

(٢) تعريف فاروق بيضون وكمال دسوقي، بيروت ١٣٨٩هـ/ ١٩٦٩م.

(٣) تعريب غنيم عبدون، مط دار الطباعة الحديث -القاهرة (ب.ت).

(٤) تعريب د. إبراهيم أحمد العدوي، كتبة الأنجلو المصرية ١٣٧٥هـ/ ١٩٥٦م.

(٥) مط القاهرة (ب.ت).

أن سكان شبه جزيرة العرب الذين اعتنقوا الإسلام وشاركهم في صنع هذه الحضارة بعض النصارى وبعض اليهود والصابئة، بل أسهم فيها من غير العرب عدد من الفرس والترك والأرمن والهنود وغيرهم.

كما فعل (آدم متز) في كتابه (الحضارة الإسلامية في ق ٤هـ) [١] و(جوستاف جرونيباوم) في كتابيه (حضارة الإسلام) [٢] و(دراسات في حضارة الإسلام) [٣].

و(خودا بخش) في كتابه (الحضارة الإسلامية) [٤] و د. أحمد شلبي في كتابه (موسوعة التاريخ الإسلامي والحضارة الإسلامية) [٥] و د. أحمد عبد الرزاق أحمد في كتابه (الحضارة العربية في العصور الوسطى) [٦].

ثالثا: أصحاب الرأي الثالث:

من الذين نادوا كونها (حضارة إسلامية عربية).

أمثال: د. سعيد عبد الفتاح عاشور وسعد زغلول عبد الحميد، وأحمد مختار العبادي في كتابهم (دراسات في تاريخ الحضارة الإسلامية العربية) [٧].

---

(١) تعريب محمد عبد الهادي (أبو ريدة) -لجنة التأليف والترجمة والنشر- القاهرة: ١٣٧٧هـ/ ١٩٥٧م.

(٢) تعريب عبد العزيز توفيق جاويز، مط دار مصر الحديثة -القاهرة ١٣٧٢هـ/ ١٩٥٢م.

(٣) تعريب د. إحسان عباس وآخرون، مط دار العلم للملايين- بيروت ١٣٩٤هـ/ ١٩٧٤م.

(٤) تعريب د. علي حسني الخربوطي، مط دار الكتب الحديثة، القاهرة (١٣٨٠هـ/ ١٩٦٠م.

(٥) مط النهضة المصرية -القاهرة.

(٦) القاهرة (ب.ت).

(٧) مط الكويت -١٤٠٦هـ/ ١٩٨٦م.

رابعا: الرأي العام:

حيث نجده لدى جمهرة من الباحثين العرب فهو أن هذه الحضارة هي (حضارة عربية إسلامية) نظرا لإقامتها على دعامتين رئيستين هما (العروبة والإسلام).

١) العروبـــــــة:

فهي عربية لاعتبارين أساسيين:

أ- أن اللغة العربية: **كانت لغة الحضارة العربية الإسلامية بكونها الوسيلة الأساسية للتعبير عن نفسها من خلال تراثها العلمي والأدبي والفني، هذه اللغة التي أصبحت لغة أغلب الشعوب والأمم التي عاشت في ظل الخلافة العربية الإسلامية عبر عصورها المختلفة حتى أصبحت مقومتهم الثانية بعد الإسلام في وحدتهم.**

إن لغة العرب هذه هي التي حفظت تراث العرب الأدبي قبل الإسلام من شعر ونثر وحكم وخطب وسجع، فيما تفردت به من خصوصية ذاتية في المفردات والمرونة والتصريف، التي برع فيها العرب، فهي باعتراف الباحثين تعد أغنى اللغات السامية وأوسعها أفقا، خاصة في مطلع عصر التعريب والترجمة في بغداد في زمن الخليفة هارون الرشيد وابنه الخليفة المأمون.

لقد تشرفت هذه اللغة بنزول القرآن الكريم فيها، قال تعالى:﴿ إِنَّآ أَنزَلْنَٰهُ قُرْءَٰنًا عَرَبِيًّا لَّعَلَّكُمْ تَعْقِلُونَ ﴾[1].

---

(١) سورة يوسف ١٢: آية ٢.

فكان الفضل الأكبر للقرآن الكريم في حفظ تراث اللغة العربية، ووحدة المتكلمين بها، والتخفيف من فوارق اللهجات العربية قبل الإسلام حتى سادتها (لغة قريش).

وهي (لغة القرآن الكريم) ولغة خاتم الأنبياء محمد بن عبد الله (صلى الله عليه وسلم)، ولغة أهل الجنة.

ب- أن العرب هم الجنس الأول الذي تلقى الإسلام وحمل لواءه، ودعا بدعوته، وهم المحررون والفاتحون الذين جاهدوا أعداء الإسلام بأنفسهم قبل أموالهم، وهم الخلفاء والأمراء والقادة ورجال الدولة الإسلامية، ومنهم العلماء والفقهاء والأدباء وأرباب الفكر الذين نبغوا بمعارفهم وقدراتهم العلمية المختلفة والتي تمثلت في مراكز الدولة العربية الإسلامية في عصورها المختلفة كالمدينة المنورة، والبصرة والكوفة، والفسطاط، والقيروان، وواسط، وبغداد، وقرطبة، ودمشق وغيرها كثير حيث أصبحت تلك المراكز منهلا وموارداً لمختلف الشعوب والأمم والعناصر الإسلامية وغير الإسلامية... وبسبب حالة الانفتاح والمرونة الفكرية للأمة العربية، والعدالة في المعاملة والسيرة الحسنة والأمر بالمعروف والنهي عن المنكر، فقد اندفع أبناء الأمم والأقطار المفتوحة في الإسهام مع العلماء العرب في إثراء وإغناء الحضارة العربية الإسلامية بما تخصصت به تلك الشعوب والأمم من جوانب علمية وثقافية من خلال حركة التعريب والترجمة من الثقافات المختلفة.

إن العرب المسلمين هم صلب الإسلام وجوهره. قال تعالى:﴿ كُنتُمْ خَيْرَ أُمَّةٍ أُخْرِجَتْ لِلنَّاسِ ﴾[1].

وقال تعالى:﴿ وَكَذَٰلِكَ جَعَلْنَٰكُمْ أُمَّةً وَسَطًا لِّتَكُونُوا۟ شُهَدَآءَ عَلَى ٱلنَّاسِ وَيَكُونَ ٱلرَّسُولُ عَلَيْكُمْ شَهِيدًا ﴾[2]

وعن الرسول (صلى اللـه عليه و سلم) قال في حق العرب ومكانتهم:((من أبغض العرب فقد أبغضني))[3].

وقال صلى اللـه عليه و سلم:((من سب العرب فأولئك هم المشركون))[4]

وجاء ما يضارع هذا في أقوال الخلفاء الراشدين (رضي اللـه عنهم) منها ما ذكر عن الخليفة الفاروق عمر بن الخطاب رضي اللـه عنه أنه أوصى الخليفة من بعده بالعرب[5] فإنهم مادة الإسلام.

---

(١) سورة آل عمران ٣: آية ١١٠، وقد روي أن هذه الآية نزلت في المهاجرين، ابن حنبل، أحمد بن محمد (ت ٢٤١هـ/ ٨٥٥م) المسند، مط دار الجيل بيروت ١٤١٤هـ/ ١٣٩٤م، ٣٥٤/١.

(٢) سورة البقرة ٢: آية ١٤٣، في تفسير ابن كثير، إسماعيل بن عمر (ت٧٧٤هـ/ ١٣٧٢م). أنها تختص العرب (دار أحياء الكتب العربية -القاهرة (ب.ت)- ١٩٠/١.

(٣) الخطيب البغدادي -تاريخ بغداد- ٣٦٦/١٤.

(٤) العرب -أحد الأجناس السامية، وربما كانوا أكثر هذه الأجناس محافظة على خصائص الساميين، واللغة العربية - هي إحدى اللغات السامية، ولكنها أيضاً أكثرها محافظة على خصائص اللسان السامي والسامية والساميون - اصطلاح أطلقه المؤرخون على الشعوب التي كانت تتفاهم بالعربية، والآشورية، والعبرانية، والسريانية، والفينيقية، والآرامية، والحبشية، وذلك نسبة إلى سام بن نوح.

وأن مهد هؤلاء الساميين هو أن مهد الإنسان في ما بين النهرين، ومنه تفرق في الأرض (التوراة -تكوين -١/١٠) فتفرع من الساميين كل من البابليين والآشوريين في العراق، والعرب في شبه جزيرة العرب، والآراميين في الشام، والفينيقيين على شواطئ سوريا، والأثيوبيين في الحبشة. (زيدان، جرجي -الغرب قبل الإسلام- مط الهلال- القاهرة (د.ت) ص٤٢).

قال ابن عساكر: «... لما حشر اللـه الخلائق إلى بابل بعث إليهم ريحاً شرقية وغربية وقبلية وبحرية فجمعتهم إلى بابل فاجتمعوا يومئذ ينظرون لما حشروا له إذ نادى مناد من جعل المغرب عن يمينه والمشرق عن يساره، واقتصد إلى البيت الحرام بوجهه فله كلام أهل السماء فقام يعرب بن قحطان، فقيل له ما يعرب بن قحطان فقال ابن هود فقيل أنت هو فكان أول من تكلم بالعربية ولم يزل المنادي ينادي من جعل كذا وكذا فله كذا وكذا حتى افترقوا على اثنين وسبعين لساناً، وانقطع الصوت وتبلبلت الألسن فسميت بابل وكان اللسان يومئذ بابلياً، وهبطت

وأنه أوصى بالأعراب لأنهم بحسن معاملة العرب، فقال:((لا تجلدوا العرب فتذلوهم، ولا تجمروهم فتفتنوهم))[1]

وخلاصة القول أن العرب هم وعاء الإسلام، وحملة حضارته التي تعهدوها بالرعاية والعناية حتى نمت وترعرعت فأينعت وأثمرت.

٢) الإسلام:

أما وصف هذه الحضارة بالإسلامية، فذلك أن الإسلام هو روحها، وهو الذي صبغها بصبغته وطبعها بطابعه لأن الإسلام هو دين الغالبية الساحقة في هذه الحضارة وأن الشريعة الإسلامية كانت الرابط الموحد لشعوب الدولة (الخلافة) الإسلامية في ثلاث قارات (آسيا، أفريقيا، أوروبا) طوال العصور الوسطى،

== ملائكة الخير والشر وملائكة الإيمان والحياء وملائكة الصحة والشفاء وملائكة الغنى وملائكة الشرف وملائكة المروءة والجفا والجهل والسيف والبأس حتى انتهوا إلى العراق، فقال بعضهم لبعض افترقوا... وقال ملك الغِنى أنا أقيم ههنا، فقال له ملك المروءة أنا معك، فقال ملك الشرف وأنا معكما فاجتمع ملك الغِنى والمروءة والشرف بالعراق...» علي بن الحسن الشافعي (ت٥٧١هـ/ ١١٧٥م) تهذيب تاريخ دمشق الكبير- بيروت (د.ت) ١/٧٧-٧٨. وقيل أن مهد الساميين هو شبه جزيرة العرب (علي، جواد -تاريخ العرب قبل الإسلام- مط شركة الرابطة، بغداد ١٣٧٠هـ/ ١٩٥٠م) ١٤٨/١).

(١) الخطيب البغداد -تاريخ بغداد- ٢٩٥/١٠.

(٢) الطبري، محمد بن جرير (ت٣١٠هـ/ ٩٢٢م) -تاريخ الرسل والملوك- المط الحسينية- القاهرة- ٢٧٢٤/١.

فالإسلام هو الذي أظل هذه الحضارة بظله وأمدها بما يوحد رؤيتها التاريخية لذاتها الحضارية ويشكل تكوينها الوجداني تكوينا خاصا لقرون عديدة حتى بعد انحلال الوحدة السياسية التي كانت تربطها في ظل حكومة مركزية واحدة، وفي وضوح هذه الحقيقة أخذت العناصر الحضارية والآراء والأفكار تتعانق وتتزواج وتنتقل في أرجاء هذه البلدان بسهولة ويسر.

وزبدة القول أنه لا يمكن الفصل بين العروبة والإسلام من جهة، وبين العروبة والإسلام وهذه الحضارة من جهة أخرى، فعلاقة العروبة والإسلام جدلية تاريخية، وحتمية علمية، فالعروبة والإسلام -إذا جاز لنا التعبير- وجهان لعملة واحدة، فلولا العرب الذين حملوا أعباء الرسالة، والذين اختيروا من بين أمم وشعوب الدنيا[1]، واختيرت أرضهم من بين بقاع العالم، لما انتشر الإسلام وساد الشعوب والأمم ولولا الإسلام برسالته السمحاء، لما كان للعرب هذا النهوض والتوحد والمركز والقطب المهم بين أمم وشعوب الإنسانية.

---

(١) إن أول من افتتح رسائله (بالبسملة) من الأنبياء (سليمان بن داود) عليه السلام.
وكانت العرب تقول في افتتاح كتبها وكلامها:(باسمك اللهم).
وجرى الأمر على ذلك حتى نزلت الآية الكريمة:((إِنَّهُ مِن سُلَيْمَانَ وَإِنَّهُ بِسْمِ اللـه الرَّحْمَـنِ الرَّحِيمِ))
سورة النمل ٢٧: آية ٣٠.
فصارت البداية بها سُنّة، والاستهلال بها بركة إلى يومنا هذا.
(أما بعد) فأول من كتبها من العرب (قس بن ساعدة الأيادي).

الفصل الرابع

خصائص الحضارة العربية الإسلامية

الفصل الرابع
خصائص الحضارة العربية الإسلامية

إن لأي حضارة سمات وخصوصيات تتصل بشعب تلك الحضارة ونظرته إلى الحياة، وطريقة تفكيره وعاداته وتقاليده ومدى تفاعله مع بيئته، ومن هذا المنطلق نرى في الحضارة العربية الإسلامية عددا من هذه الخصائص، منها:

أولا: المرتكز الروحي:

تؤمن الحضارة العربية الإسلامية بالله الواحد الأحد، ورسالاته وأنبيائه (عليهم السلام) وتهتدي بهدي خاتم النبيين محمد (صلى الـله عليه و سلم) ودين الحق الإسلام الحنيف، وهو الإيمان الذي يستهدف حماية الحضارة بسياج منيع من القيم الروحية والمثل الكريمة، وهو لا يتعارض مع العقل لأن الإسلام يقوم على أساس مبدأ (تعقل الإيمان) لقد خلق الـله تعالى الإنسان من (مادة وروح) واحدة بكل أسباب الحياة المادية والروحية وإن حياته الصالحة هي التي يراع فيها هذا الجانب وذلك،

بقوله تعالى:﴿ وَٱبۡتَغِ فِيمَآ ءَاتَىٰكَ ٱللَّهُ ٱلدَّارَ ٱلۡأٓخِرَةَۖ وَلَا تَنسَ نَصِيبَكَ مِنَ ٱلدُّنۡيَا ﴾[1].

وقال الرسول الكريم (صلى الـله عليه و سلم):(وما من مسلم يغرس غرسا أو يزرع زرعا فيأكل منه إنسان أو طير أو بهيمة إلا كانت له به صدقة).

---

(1) سورة القصص ٢٨: آية ٧٧.

وقال رسول الـلـه صلى الـلـه عليه و سلم لصحابته:«... إن أشد الناس ذراعة يوم القيامة رجل باع آخرته بدنيا غيره...»[1] .

وقال عيسى بن مريم (عليهما السلام):(عالجت الأكم والأبرص فأعييتهما، وعالجت الأحمق فأعياني)!

وقال الإمام علي بن أبي طالب (رضي الـلـه عنه):(اعمل لدنياك كأنك تعيش أبدا، وأعمل لآخرتك كأنك تموت غدا...).

وقال الشاعر:

ولكل داء دواء يستطب به   إلا الحماقة أعيت من يداويها

لذا اتصفت هذه الحضارة بأنها حضارة إيمان[2]، وفي ظل هذا الإيمان نشأت ونمت وازدهرت، وبفضله اكتسبت قيمها ومبادئها ومثلها، فالأساس الروحي الذي كانت عليه هو أساس (النظام التهذيبي) وأساس قواعد الخلق الذي تخلق به أهلها، وكان الخلق القويم هو الموجه لهم في مختلف نشاطاتهم، واستلهاما من ذلك نقول: ((لا خير في علم بلا أخلاق)) و((لا خير في مال بلا أخلاق)) توجهه الوجهة الصائبة والصحيحة والنافعة، وبالتالي لا يجوز الإخلال بشيء من مبادئ الخلق السليم في سبيل الوصول إلى غاية أو هدف، أين كانت المنفعة في تحقيقه، ومثال ذلك هو (النظام الاقتصادي) أو (النظام المالي) في هذه الحضارة، فالإيمان

---

(١) حديث ضعيف، رواه البخاري، محمد بن إسماعيل (ت٢٥٦هـ/ ٨٦٩م)، في تاريخه، ط بيروت ١٤٠٧هـ/ ١٩٨٦م، (التاريخ للبخاري، عن أبي أمامة)

وقال الـلـه تعالى: ((أُولَـئِكَ الَّذِينَ اشْتَرَوُاْ الْحَيَاةَ الدُّنْيَا بِالآخِرَةِ...))، سورة البقرة ٢: آية ٨.

(٢) الرحيم، المرجع السابق، ص٣٥ وما بعدها..

خلص هذا النظام من الأدران والآفات التي يشكوا منها مثيله بالحضارة الغربية في عصرنا الراهن، والتي يعدها البعض أرقى حضارة!

قال الشاعر:

تموت الأسد في الغابات جوعا ولحم الضان يرمى للكلاب

وذو جهل ينام على حريـــــر وذو علم ينام على تـــــراب

وقال شاعر آخر:

تطاول القاع حتى استقعرت قمم وأستأسد الغي حتى استشرف الرشد

فالحضارة الغربية عموما والنظام الاقتصادي خصوصا اتخذ الاستغلال والاحتكار والغش التجاري والربح الفاحش وتطفيف الكيل معيارا للنجاح. في حين نجد أن ذلك ممنوع ومحرم في الإسلام.

إن الحضارة الغربية قامت على أساس مادي بحت، فاختلفت بذلك اختلافا جوهريا عن الحضارة العربية الإسلامية التي اتخذت الجانب الروحي أساسا لها دون أن تهمل الجانب المادي إذ أوجدت توازنا بينهما مقياسه التقوى، فأخضعت بذلك المادة للإيمان، والإيمان لا يتعارض مع العلم (كما يحلو للبعض أن يتقول به) ولنا في ديننا إسوة حسنة في ذلك، فقد قال الرسول الكريم (صلى الـلـه عليه و سلم): ((إن الـلـه يحب إذا عمل أحدكم عملا أن يتقنه..))، ونختم قولنا بخير كلام لرب العالمين: ﴿ وَقُلِ ٱعْمَلُواْ فَسَيَرَى ٱللَّهُ عَمَلَكُمْ وَرَسُولُهُۥ وَٱلْمُؤْمِنُونَ ﴾[1].

وبذلك فالحضارة العربية الإسلامية حضارة إيمان وعمل وأمان.

(١) سورة التوبة ٩: آية ١٠٥.

ثانيا: المرونة والشمولية والانفتاح:

تميزت الحضارة العربية الإسلامية بالمرونة والشمولية والانفتاح وسعة الأفق، فقد انفتحت على العالم أجمع وعلى الحضارات كافة، فمنذ مولدها لم تكن متقوقعة على نفسها، وإنما قابلة للأخذ والعطاء، والتأثر والتأثير، من حضارات العرب قبل الإسلام، وما اقتبسته من حضارات الأمم الأخرى في الشرق والغرب من خلال عملية التأثير المتبادل، ثم أفرغ العرب هذا المزيج في قالب خاص طبع بالنزعة العلمية، وحب الاستقصاء والابتكار[1].

فقد استوعبت هذه الحضارة ما وجدته نافعا من المؤثرات الحضارية التي دخلت إليها، فهي لم تأخذ كل ما وجدته في طريقها من الحضارات السابقة لها وإنما كانت تتخير وتنتقي ما يناسبها، وتدع وتنبذ ما لا يتفق مع قيمها ومثلها وطابعها الخاص، وهذا لا يقلل من شأنها مطلقا كونها أفادت من غيرها لأن (سنة التطور البشري) و(الرقي الحضاري) يتطلب دائما أن يستفيد الخلف من السلف، وأن تتفاعل الحضارات وتتعانق فيما بينها لما فيه خدمة الإنسان والإنسانية.

ثالثا: الحيوية والاستمرار والتجانس:

أن هذه الحضارة منذ نشأتها مرت بأطوار متباينة بين يقظة وسبات، وتعرضت للهجمات من الداخل والخارج ولكنها ظلت بروحها وقيمها ومثلها وجوهرها حية قائمة شامخة لم تمت، ولم ينضب معينها، فهي حية ومستمرة في العطاء، والسر في هذه الحيوية أنها قامت على أسس متينة من الإيمان والقيم والمثل

(١) معروف. د. ناجي/ أصالة الحضارة العربية، دار الثقافة -بيروت ١٣٩٥هـ/ ١٩٧٥ ط٣، ص١٧٤.

السامية مما كفل لها الثبات في وجه الحوادث والتشويهات، كما امتلكت القدرة على مواجهة التحديات على مرور الأيام والسنون وهي متجانسة لأنها لا تتنافى في مقدماتها ونتائجها، وفي مقوماتها أو مظاهرها، وصادقة في التعبير عن نفسها بكل وضوح ودقة.

لقد وصف عدد من المستشرقين الحضارة العربية ومبتكراتها وإبداعاتها الفنية ((بأنها من الحضارات الإنسانية المهمة)) ومن هؤلاء ما قاله ((جوستاف لوبون)) وهو يصف (حيوية الحضارة العربية) بقوله:((وقد رأينا العرب ذوي أثر بالغ في تمدين الأمم التي خضعت لهم، وقد تحول بسرعة كل بلد خفقت فوقه راية الرسول (صلى الله عليه و سلم) فازدهرت فيه العلوم والفنون والآداب والصناعة والزراعة أيما ازدهار..)).

ومن حيوية هذه الحضارة، أنها أثرت في المدنية الإنسانية، وفي نقل تراث الأمم القديمة، وكان لها أثر فعال في الشرق والغرب، كما كانت من عوامل النهضة الغربية الأوربية الحديثة.

رابعا: السلام وخدمة الإنسان:

تفيض الحضارة العربية الإسلامية بروح (السلام) وألفاظه ومعانيه من خلال الآيات القرآنية، وفريضة الصلاة، والتحية بين المسلمين.

قال تعالى:﴿ وَإِذَا حُيِّيتُم بِتَحِيَّةٍ فَحَيُّوا۟ بِأَحْسَنَ مِنْهَآ أَوْ رُدُّوهَآ ﴾[1]

(١) سورة النساء ٤: آية ٨٦.

وجاء في الحديث الشريف:((إذا دخلتم بيوتكم فسلموا على أهلها فإن الشيطان إذا سلم أحدكم لم يدخل بيته..))(١) .

فتحية الإسلام هي السلام، يتعامل بها المسلم مع غيره من أهل بيته والآخرين، ولا يقتصر ذلك على المسلمين، بل مع الناس، وهذه الروح السلمية تفيض من المسلم على جاره أولا فيما فرض الإسلام من حقوق الجار بغض النظر عن معتقده.

قال تعالى: ﴿وَٱلْجَارِ ذِى ٱلْقُرْبَىٰ وَٱلْجَارِ ٱلْجُنُبِ(٢) وَٱلصَّاحِبِ بِٱلْجَنۢبِ(٣)﴾(٤)

قال (صلى الله عليه و سلم):((الجيران ثلاثة: جار له حق واحد، وجار له حقان، وجار له ثلاثة حقوق. فالجار الذي له ثلاثة حقوق: الجار المسلم ذو الرحم، له حق الجوار، وحق الإسلام، وحق الرحم. وأما الذي له حقان: الجار المسلم، له حق الجوار، وحق الإسلام. وأما الذي له حق واحد: فالجار المشرك.))(٥) .

وحقوق الجار تلزم جاره مشاركته فيما يسره ويحزنه، ويرشده إلى ما يجهله من أمور دينه ودنياه.

---

(١) الغزالي، أبو حامد، محمد بن محمد (ت٥٠٥هـ/ ١١١١م)، إحياء علوم الدين، مط مصطفى البابي الحلبي، القاهرة ١٣٥٨هـ/ ١٩٣٤م، ٢/٢٠٠.

(٢) الجارِ الجُنُبِ: البَعيدُ سكناً أو نسباً. ينظر: مخلوف، حسنين محمد، تفسير وبيان كلمات القرآن الكريم، ط٤، مط اليمامة، دمشق، ١٤٠٣هـ/ ١٩٨٢م حاشية ص٨٤.

(٣) الصاحِبِ بالجَنْبِ: الرفيق في أمرٍ حَسَنٍ، ينظر: مخلوف، المرجع نفسه.

(٤) سورة النساء ٤: آية ٣٦.

(٥) الغزالي، المصدر السابق، ٢/٢١٢.

وحتى تبين السمة السلمية في حضارة الإسلام، هي قلة الآيات التي حث بها القرآن الكريم على الحرب الدفاعية، بجانب الآيات الكثيرة التي دعا فيها إلى السلام. فحضارة الإسلام حضارة محبة وسلام يأمن فيها الفرد على نفسه وعرضه وماله وأهله، حتى ينصرف إلى العمل والإنتاج.

لقد أجمع الباحثون على أن البلاد التي احتوتها الدولة العربية الإسلامية والتي ترعرعت فيها الحضارة العربية الإسلامية نعمت تحت مظلة الإسلام بقدر من السلام لم تعرفه في تاريخها السابق، لكن التمسك بالإسلام لا يتعارض مع الحفاظ على مصالح المسلمين، وكنتيجة لذلك انتقل (التاجر) و(طالب العلم) و(الحاج) و(المسافر) بين ربوع الدولة العربية الإسلامية في جو من الأمان والسلام.

قال الشاعر عبد المولى البغدادي:

يا شعر هلا رويت المجد عن هرر ... فالمجد يفخر أن تشد به هــــرر
مضارب العرب تحيا في مضاربهـا ... فيها الخزامي وفيها المندل العطر
لم يبرح الشوق يحدوها إلى مضر ... مهما تشاغل عن أشواقها مضر
تطل من كوة التاريخ شامخـــــــة ... كأنها ترقب الآتي وتنتظـــــــر

وكما قال شاعر آخر:

سيذكرني قومي إذا جد جدهم ... وفي الليلة الظلماء يفتقد البدر

خامسا: الابتكار والخلق والإبداع:

إن الأصالة في اللغة[1] تعني أساس الشيء، وأوله، ومنطلقه، فالأصالة في مدلولها اللغوي تعني التمسك بالأصول، وفي المصطلح المعاصر أصبحت الأصالة

(1) ابن منظور، لسان العرب، مادة أصالة.

تعني -فضلا عن معناها اللغوي- الثبات والديمومة والاستمرار والصيرورة والابتكار والخلق، التجديد والقدرة على الإبداع. وهذا المعنى يشير إلى أن الأصالة لا تربط الماضي بالحاضر ربطا آليا، بل هي تعني صلاحية الماضي للاستمرار في تفاعله مع الحاضر، وما ينجم عن هذا التفاعل من تجدد في الأشكال الثقافية عامة.

وعند البحث عن الأصالة في الحضارة العربية الإسلامية، فإنه يجب البحث عن ميادين[١] الإبداع والابتكار، جنبا إلى جنب مع القدرة على تمثل الثقافات الأخرى وصياغتها بطابع متميز يشير إلى الإبداع الذاتي، الذي هو من أبرز خصائص الحضارة العربية الإسلامية. فالعرب المسلمون لم يكونوا مجرد نقلة عن غيرهم كما يزعم بعض المغرضين، ولا ينكر أن حضارتهم استفادت من الحضارات السابقة لهم، وأنهم أفادوا منها، ولكن ذلك كان في طور النشأة، ثم انطلقوا بعد ذلك يخلقون بجهودهم في سماء الإبداع فوضحوا ما كان غامضا من هذه العلوم، وشرحوا ما قصر عن الشرح فيها، وصححوا أخطاء السابقين وأضافوا الكثير بجهودهم وتجاربهم ومشاهداتهم بحيث أن أوربا أخذت عنهم هذه العلوم متكاملة في غاية الوضوح، ولو وصلت بدون جهودهم لما استطاعوا فهمها والانتفاع بها، وبالتالي لما بزغت فيهم شمس عصر التنوير والنهضة. ولذلك يمكن القول باطمئنان بأن الحضارة العربية الإسلامية أضاقت وجددت وابتكرت، ثم أعطت أضعاف ما أخذت من الحضارات السابقة.

---

(١) فريحات، وآخرون، المرجع السابق ص١٨.

سادسا: التسامح:

إن الطابع العربي في مظاهر الحضارة العربية الإسلامية واضح ومقروء، من خلال أصالة الأمة العربية وفاعليتها في تلك الحضارة. فهي أمة الرسول الكريم (صلى الـلـه عليه وسلم)، وبلغتها نزل القرآن الكريم، ومن بلادها بدأت المسيرة المشرفة للإسلام. ومنها كان المحررون والفاتحون الذين جاهدوا أعداء الإسلام بأنفسهم وأموالهم، ومنها الخلفاء والقادة ورجال الدولة. ومنها العلماء والفقهاء والأدباء وأرباب الفكر.

وبسبب حالة الانفتاح، والتسامح، والمرونة الفكرية للأمة العربية، والعدالة في المعاملة، مع مختلف الأجناس والأديان، فلا تعصب ولا كراهية ولا إكراه قال تعالى: ﴿ لَآ إِكۡرَاهَ فِي ٱلدِّينِۖ قَد تَّبَيَّنَ ٱلرُّشۡدُ مِنَ ٱلۡغَيِّۚ ﴾[1] ولكن هذا لا يعني بأي شكل من الأشكال الخنوع والخضوع، واتخاذ (التقية) منهجا.

قال الشاعر: أمل دنقل (في قصة الزير سالم وكليب):-

((لا تصالح!.. ولو منحوك الذهب،
أترى حين أفقنا عينيك، ثم أثبت جوهرتين مكانهما...
هل ترى؟
هي أشياء لا تشترى!
سيقولون: ها نحن أبناء عم.
قل لهم: إنهم لم يراعوا العمومة فيمن هلك!؟.))[2]

---

(١) سورة البقرة ٢: آية ٢٥٦.

(٢) دنقل، أمل، الأعمال الشعرية الكاملة، دار العودة، بيروت ١٤٠٦هـ/ ١٩٨٥، ص٣٢٤، ٣٢٦.

وفي ظل التسامح والمحبة يكون التعاون ممكنا. وألا يكفي أن يكون بناء هذه الحضارة وأعلامها من جميع الأجناس في المجتمع العربي الإسلامي من عرب وفرس وروم وترك وغيرهم. انصهرت كلها في بوتقة واحدة والكل سواء مع اختلاف الأجناس والأجيال، والكل يسيرون في موكب واحد هدفه دفع هذه الحضارة إلى الأمام ثم ألا يكفي هذه الحضارة فخرا إنها احتضنت المسلم، والمسيحي، واليهودي، والصابئ، والمجوسي. ويكفي أن نعلم أن من بين أعلامها آل ثابت بن قرة الصابئية. وحنين بن إسحاق وأسرته، و(أسرة بختيشوع)، ويوحنا بن ماسويه، وكلهم نصارى، وموسى بن العازر، وإسحاق بن موسى وموسى بن ميمون وهم يهود.

بل يكفي أن نشير كدليل على هذا التسامح إلى أن موسى بن ميمون اليهودي الذي تفاخر به اليهودية، تلقى علومه على أيدي أساتذة من العرب المسلمين في جامع قرطبة الكبير، حيث سمح للجميع على اختلاف أديانهم وأجناسهم بالدخول إليه وتلقي العلم من دون تفرقة وتمييز.

سابعا: الأمانـــــــة:

تتصف الحضارة العربية الإسلامية بالأمانة، وهي صفة ميزتها عن كثير من الحضارات السابقة عليها واللاحقة بها، فإذا كان علماء هذه الحضارة قد عربوا ونقلوا من علوم اليونان والفرس والهنود وغيرهم، فإنهم لم ينسبوا ما نقلوه إلى أنفسهم، وإنما إلى أصحابه الذين نقلوا عنهم، فهم يقولون أن هذا الأمر عند جالينوس كذا، وأن اقليدس ذكر ذلك. وأن أرسطو أو أفلاطون أو سقراط يرى كذا.

وهنا يبدو الفرق واضحا بين رواد الحضارة العربية الإسلامية من ناحية، وعلماء اليونان الذي نقلوا كثيرا من حضارات وادي الرافدين ووادي النيل ونسبوه إلى أنفسهم وهو لغيرهم. ومثلهم علماء أوربا في العصر الحديث الذين نسبوا ما أخذوا عن الحضارة العربية الإسلامية لأنفسهم، وادعوا أنهم توصلوا إلى ما توصلوا إليه بجهودهم، وفي ذلك ظلم وإجحاف كبير، وهضم لحقوق أساتذتهم من العرب المسلمين.

الفصل الخامس

أصول الحضارة العربية الإسلامية

الفصل الخامس
أصول الحضارة العربية الإسلامية

إن الحضارة العربية الإسلامية مثلها مثل الحضارات الأخرى لم تظهر من العدم، لأن تطور الحضارة البشرية متصل الحلقات، كما قال ابن خلدون[1] فهي حصيلة الموروث الحضاري العربي، وما جاء به الإسلام من نظم وشرائع، ممتزجة بالمنتقيات الحضارية للأمم الأخرى، التي صيغت بالطابع العربي الإسلامي المتميز، فبدت الحضارة العربية الإسلامية بصورتها المشرقة التي استنارت بها شعوب وأمم كثيرة في الشرق والغرب بما تحمله من عنصري الانفتاح والإبداع على تلك الأمم.

فما هي معالم وأصول هذه الحضارة؟

للإجابة على هذا السؤال ينبغي أن نستقرئ الأصول الأولى للحضارة العربية الإسلامية، وهي:-

أولا: حضارات العراق القديمة:

امتاز وادي الرافدين بخصوبة تربته وكثرة خيراته و(قصة آدم) أبي البشر (عليه السلام) مشهودة ومعروفة في تاريخه، إذ ذكر حين أخرجه الله تعالى من

---

(١) المقدمة، ص١٩٢.

(الجنة) كانت أول ما وطئتا قدماه على الأرض، (العراق) فكان العراق أقدم موطن للبشرية الأولى كما ذكرت ذلك النصوص التاريخية والرقم الطينية.

فالعرب أحد الأجناس السامية وربما كانوا أكثر هذه الأجناس محافظة على خصائص الساميين.

أما مهد هؤلاء الساميين إذ قال العلماء أن مهد الإنسان فيما بين النهرين اعتمادا على التوراة ومنه تفرق في الأرض فتفرع من الساميين كل من البابليين، والآشوريين في العراق، والآراميين في الشام، والفينيقيين على شواطئ سوريا، والعرب في شبه الجزيرة العربية، والأثيوبيين في الحبشة.

وقيل أن مهد الساميين هو شبه جزيرة العرب ومنها انتشروا في الأرض في موجات للهجرة، كما انتشروا في صدر الإسلام.

١) الحضارة السومرية:

وهي تقع في جنوب العراق، ومن أشهر مدنها:

(أريدو)، و(أور) وقد عرفت هذه الحضارة باختراعها للكتابة لأول مرة في العالم في ٣٠٠٠ق.م. ومن هنا عرفت العصور التاريخية التي كانت تسمى بالعصور ما قبل التاريخ (أي العصور الحجرية). وأشهر ملوكها (جلجامش).

٢) الحضارة الأكدية:

وهي تنتمي إلى مدينة (أكد) وأهلها من القبائل العربية، من أهم ملوكها (سرجون) الأكدي، الذي ظهر في مدينة (الوركاء) الذي أنتصر على الكوتيين لأول مرة في التاريخ وهؤلاء من الأقوام الهمجية القادمة من الشرق من بلاد فارس.

٣) الحضارة البابلية:

وهي نسبة إلى مدينة (بابل)، قَالَ تَعَالَىٰ: ﴿ وَمَآ أُنزِلَ عَلَى ٱلْمَلَكَيْنِ بِبَابِلَ هَـٰرُوتَ وَمَـٰرُوتَ ﴾[1]

ومن أشهر ملوكها (حمورابي) وقد حكم ما يربو على (٤٢ سنة)[2]. من ١٧٩٣ إلى ١٧٥١ق.م. تربع على العرش من خلال تثبيت دعائم ملكه، والقضاء على جميع الرؤوس الحاكمة المعاصرة له، وتحقيق الهدف الذي يظهر إنه رسمه لنفسه ألا وهو توحيد وادي الرافدين وضمان حدود آمنة له، وعمل على تقوية جبهته الداخلية، وتعمير المعابد والتحصينات العسكرية. ولأجل تثبيت دعائم الحكم والنصر الذي حققه على أعدائه عمل على استكمال ذلك الإنجاز من كافة النواحي الإدارية والقانونية والاجتماعية والثقافية فمن الناحية الإدارية اتبع نظام مركزي وربط جميع حكامه به وبعاصمته (بابل). وحدد صلاحيات الكهنة حيث لم يعد يسمع من عصره شيئا عن محاكم الكهنة، وبذلك يكون حمورابي قد اجتهد في جعل دولته (علمانية) بما يتفق وظروف عصره. وهذا يفسر اضمحلال منصب، (الأنسي)، الذي كان الجمع بين السلطة الدينية والمدنية في حكم المنطقة التي تعهد إليه، وصار موظفا يستمد أوامره من موظف آخر بعد الملك. وترينا الرسائل من عهده حرصه على معرفة كل صغيرة وكبيرة في البلاد. وعلى حصر السلطة في شخصه، وجعل حكامه في البلاد يستمدون أوامرهم منه. وكان يقوم بجولات تفتيشية في مناطق حكامه ليقف بنفسه على سير الأعمال ومجريات الأمور.

---

(١) سورة البقرة ٢: آية ١٠٢.

(٢) تفاصيل ذلك، موسوعة العراق الحضارية، منشورات وزارة الثقافة والإعلام، مط دار الشؤون الثقافية العامة، بغداد ١٤٠٦هـ/ ١٩٨٥م.

وفي رسالة أخرى يأمر حمورابي بتزويد عمال التعدين في إحدى المدن بنوع من الخشب. والعجيب أنه يذكر بهذه الرسالة مقادير الأحجام التي يجب أن تقطع بها هذه الأخشاب مما يشير إلى حرصه وسهره حتى على صغائر الأمور. وكذلك اهتمامه بالطرق ووسائط النقل فيها والتزام الحكام بتعليماته وحرصهم على تنفيذها. وكذلك اهتمامه في استصلاح الأراضي وإصلاح القنوات، وفتح الجديد منها، والإشراف بنفسه على تلك المشاريع وكان ينظم التقويم بإشارة من الفلكيين المرتبطين ببلاطه. وأنه كان ينظر في القضايا حتى البسيطة منها.

- أمر بنظر في شكوى شخص أدعى بأن أحدهم سرق حبوبه.
- تساءل حمورابي عن الإشاعة التي وردته عن تحشدات لجنود في منطقة أور.
- يطلب برسالة تزويد بعض الرجال بزيت الإنارة وهذه تدل دلالة واضحة على بث العيون التي كانت تحيطه علما بخفايا شؤون البلاد، ووصلته ذات مرة الأخبار بأن أحد موظفي الدولة في إحدى المدن يأخذ الرشوة فأرسل إلى حاكمه أمرا يطلب منه فتح باب التحقيق في القضية وإرسال الأطراف المعنية إلى بابل.
- وفي إحدى المناسبات تصدر حمورابي محاكمة أقام فيها الدعوى تاجر ضد أحد محافظي الوحدات الإدارية وكانت نتيجة المحاكمة لمصلحة التاجر.
- وقد أكد حمورابي على حاكمه أن يضرب بشدة على (المرابين) من (القضاة) إذا ثبت عليهم ذلك.
- وهناك مجموعة رسائل بعث بها إلى حكامه وأغلبها أوامر تتعلق بمنح الأراضي إلى مختلف مستخدمي الملك أما (استئجارا) مقابل بدل، أو

(استقطاعا)، مقابل خدمات مدنية أو عسكرية، وكذلك إلى جماعات من العمال يشتركون سوية في استثمار الإقطاعية، ومن حصل على أرض من أي نوع كان يزود (بوثيقة رسمية) تمكنه من إيراد الحقل أو حصر إرثه بعد وفاة صاحب الامتياز. ولكن لا يحق للمستثمر تحويلها أو توريثها من يريد. كما تستطيع السلطة أن تسترجع الأرض في حالة إهمالها. ويظهر أن هناك شخص كان يشرف على الأرض المستأجرة أو المقطعة.

- كذلك اهتم حمورابي بربط أجزاء البلاد في نظام (البريد السريع)، وإيصال أوامره بالسرعة المطلوبة وكان رسله ذوي أهمية حيث صاروا ضمن مصلحة جديدة يستخدم فيها (الرجال العداءون). فقد قسمت الطرق إلى (مراحل)[1] يقف عندها هؤلاء السعاة لإيصال ما يتسلمون بالسرعة إلى ساعي المرحلة الثانية وهكذا. وكان السعاة يحملون الرسائل مختومة مغلقة.

وأنجز حمورابي إصلاحات كثيرة في البلاد إذ حفر العديد من القنوات وعمر معابد الآلهة منها الإله (عشتار).

ولأجل توحيد البلاد ثقافيا أنشأ عددا من المدارس، حيث عثر على مدرستين ترجعان لعهوده الأولى في (السبار) والثانية في (كيش) واشتهرت مكاتب تعليم الأفراد في المعابد.

---

(١) في التاريخ العربي الإسلامي:

المرحلة: بريدان، والبريد: ٤ فراسخ، الفرسخ: ٣ أميال عباسية، الميل: ٣٥٠٠ ذراع آدمي معتدل الخلقة. والذراع: ٠,٤٨ متراً.

ينظر: العزاوي، د. عبد الرحمن حسين، أصول البحث العلمي، الزاوية الغربية/ الجماهيرية الليبية، ١٤١٨هـ/ ١٩٧٧م، ص٧٩.

كذلك أهتم بالجيش فصار (التجنيد) في عصره (إجباريا) وعرف باصطلاح (الذهاب في طريق الملك) ولم يسمح قانونه لأي جندي أن يرسل بديلا عنه إلى الخدمة.

ولأجل توحيد البلاد قانونيا أنشأ حمورابي قانونا موحدا للبلاد عرف (بشريعة حمورابي) أو (مسلة حمورابي) أو (قانون حمورابي) التي أصدرها سنة ١٧٧٠ ق.م، وفيها (٢٨٢) مادة قانونية متنوعة لكي ((يمنع الأقوياء من أن يظلموا الضعفاء، وينشر النور على الأرض، ويرعى مصالح الحق))، كما قال هو في مقدمة قوانينه، ويمكن تصنيفها إلى عشرة أنواع:-

١- مواد خاصة بالدعاوي: وشملت الاتهام الباطل، وشهادة الزور، وتغيير القاضي حكمه بعد إصداره.

٢- مواد خاصة بالأموال: وفيها تخص السرقات، وخطف الأطفال. وغيرها.

٣- مواد تتعلق بالعقار والأراضي: الأراضي الزراعية ومسؤوليات الفلاحين والمزارعين تجاهها. وحوادث الري، والبستنة، والرعي.

٤- القضايا التجارية: وشملت المواصلات، والخانات، ومحلات السكن، والديون، والرهن، والأمانات، والودائع.

٥- الأحوال الشخصية: وفيها قضايا الزواج، والطلاق، والإرث، وتبني الأطفال.. وغيرها.

٦- التعديات والمخالفات: كالاستهانة بالأب، والإسقاط.

٧- المواد الخاصة بأصحاب المهن: كالأطباء، والبياطرة، والحلاقين، والبنائين، والملاحين، وصناع السفن.

٨- أحكام خاصة بالماشية: والفلاحين، والآلات الزراعية، وإيجار السفن.

٩- الأسعار والأجور: التي حددت فيها أجور الصناع وإيجار السفن.

١٠- العبيد.[1]

وكل هذه القوانين تدل على حرص حمورابي على إحقاق الحق.

فنجد في قانون (العائلة السومري) قد أعطى للزوج الحق في طلاق امرأته متى يشاء، ودونما سبب، وعندها أطفال أم لا.

أما حمورابي فقد وضع في قانونه حدا لسلطة الزوج في الطلاق، إذ وضع الفرق بين حالتين:

الأولى: عندما يكون للزوجة أطفال.

الثانية: عندما لا يكون للزوجة أطفال.

فإذا كان للزوجة أطفال فتأخذ آنذاك من زوجها المطلق صداقها، ودخلا يكفي لتربية أطفالها، وبعد أن يكبر أطفالها تكون لها حصة في أملاك زوجها الذي طلقها عند وفاته (قبلها) مساوية لحصة أي ولد من أولاده.

أما إذا لم يكن لها أطفال فتأخذ صداقها، وما جلبته عند زواجها من بيت أبيها، وحتى هدية زوجها لها.

وفي عهد حمورابي صارت الدولة هي التي تشرف على تطبيق القوانين، فجردت السلطة الفرد من مهمة التنفيذ وجعلتها بيد الدولة.. فقد منعت قوانينه الفرد من أخذ الثأر لنفسه من ظالميه، وصارت العقوبة محددة بقانون وتطبقها الدولة دون تدخل

---

(١) موسوعة العراق الحضارية، المرجع السابق.

٩٣

الفرد أو حتى إشرافه. وحتى قاعدة:((العين بالعين والسن بالسن))[1] التي هي واضحة في قانونه، لا يمكن أن يضعها الفرد موضع التنفيذ، لأنها كانت من اختصاص الدولة.

وأخذ قانونه بمبدأ ((القوة القاهرة)) أو ما يسمى ((الضرورة الملجئة)) التي تجعل الإنسان لا يقوى على دفع ما عليه من ديون، أو ضرائب، أو التزامات بسبب خسران محصوله نتيجة زوبعة، أو فيضان، أو حريق، وما إلى ذلك.

كما فرض حمورابي على (الطبقة العليا) التي ينتمي هو وجماعته من الآموريين إليها، أن تحسن التصرف وتكون القدوة في سلوكها للآخرين، حيث جعل العقوبة عليها أشد بالنسبة إلى الجريمة نفسها.

ومن ملوك بابل البارزين (نبو خذ نصر) الأول، وهو الملك الرابع. ويعني اسمه (الإله نبو يحمي ذريتي). الذي يعد واحدا من أشهر ملوك بلاد وادي الرافدين ممن استطاعوا مقارعة الأعداء الخارجين (العيلاميين) ووضع حدا لتجاوزاتهم واعتداءاتهم على البلاد. إذ شن عليهم حملة في شهر (تموز) الذي يعتبر من أشد أشهر السنة حرارة وجفافا.

٤) الحضارة الآشورية:

استقر الآشوريون في القسم الشمالي من العراق ومنذ الألف الثالث قبل الميلاد وهم ينتمون إلى الأصول التي تفرعت عنها أقوام الآكدية والبابلية والكلدية والآرامية والعربية.

---

(١) قال تعالى: ((وَكَتَبْنَا عَلَيْهِمْ فِيهَا أَنَّ النَّفْسَ بِالنَّفْسِ وَالْعَيْنَ بِالْعَيْنِ وَالأَنْفَ بِالأَنْفِ وَالأُذُنَ بِالأُذُنِ وَالسِّنَّ بِالسِّنِّ...)) سورة المائدة ٥: آية ٤٥.

وتكلموا لهجة من لهجات اللغة الأكدية واستخدموا (الخط المسماري) نفسه الذي ابتدعه السومريون وطوره الأكديون والبابليون وكانت التسمية ربما نسبة إلى اسم أول عاصمة لهم هي مدينة (آشور) وأصبحت التسمية شاملة بلاد آشور ومن ثم أطلق الاسم على الإله القومي للآشوريين.

وقد شهدت المنطقة أولى مستوطنات إنسان العصر الحجري القديم في العراق في وقت كان القسم الجنوبي منه غير آهل بالسكان. ومن أشهر ملوكها (آشور بانيبال) و (سرجون) وابنه (سنحاريب)، أما مدن الدولة الآشورية مدينة (نمرود) ومدينة (نينوى) ومركزها (الموصل) ولقد اشتهرت هذه الحضارة بالجانب العسكري القوي، المتمرس - والجانب الفني المميز، (الثيران المجنحة)، فقد زينت هذه الثيران المجنحة مداخل القصور والقاعات الرئيسية بتماثيل ضخمة لحيوانات مركبة عرفت بالثيران المجنحة التي تعبر عن قوة الآشوريين. وحكمة وصلابة قادتهم، فإلى جانب قوة الثور الطبيعية حاول الفنان أن يعبر عن ثباته وسيطرته على الأرض والسماء، فمثله بخمسة أرجل وبأجنحة كبيرة في حين عبر عن الحكمة والمعرفة التي تميز بها الآشوريون بأن جعل للثور رأس إنسان معبرا عن هذه الصفات. وكانت الغاية من وضع الثيران المجنحة في المداخل الرئيسة هي حماية المبنى ومن فيه من الشرور، وإشعار الزائر ساعة دخوله بقوة ومتانة الدولة وملكها.

٥) سلالة بابل الحديثة (٦٢٦-٥٣٩) ق.م:

لقد حكمت خلال هذا العصر السلالة الكلدية وكان عصرها آخر عصور الاستقلال السياسي والحكم الوطني في بلاد العراق القديم، وظلت البلاد تنتقل بعدها

٩٥

من احتلال إلى احتلال حتى عصر التحرير العربي الإسلامي، ومن شخصيات سلالة بابل الحديثة، (نبو خذ نصر)، حيث أعطى (نبو خذ نصر) أهمية كبيرة للسيطرة على سوريا وفلسطين، وذلك للحد من توسع النفوذ الفرعوني فيها.

ومما يجدر ذكره هو أن الفرعون المصري (نيخو الثاني ٦١٠-٥٩٥ ق.م)، كان قد جرد حملة عسكرية من أجل نجدة حليفه الملك الآشوري وأنه استولى على سوريا ومملكة يهوذا، ثم كركميش، التي تقع على نهر الفرات، والتي تعتبر ذات أهمية عسكرية كبيرة بالنسبة لسلامة الدولة البابلية ولذلك أرسل (نبو بو لا صر)، حملة عسكرية كبيرة عهد بقيادتها إلى إبنه (نبو خذ نصر) لطرد الفراعنة. ففي (عام ٦١٤ ق.م) فتحت آشور وأخيرا حوصرت (نينوى) وسقطت عام (٦١٢ ق.م) بعد ثلاثة أشهر من حصارها. وأضرمت فيها النيران ونهبت قصورها ومعابدها وتمكنت بعض الوحدات العسكرية الآشورية من التوجه إلى مدينة حران، في سوريا ونصبت أحد أفراد العائلة الآشورية المالكة (آشور -أو بالط الثاني) ملكا عليها، وبذلك ظلت الدولة الآشورية قائمة اسميا. وفي عام ٦١٠ ق.م قامت جموع الميديين، والقبائل الحليفة بالهجوم على حران والتحق بهم الجيش البابلي فانسحب الجيش الآشوري إلى الجنوب الغربي حتى وصلت القوات الفرعونية التي جاءت لمساعدة الآشوريين.

وحقق الآشوريون بعض الانتصارات غير أن زحف الجيش البابلي بقيادة ولي العهد نبو خذ نصر اضطرهم إلى الانسحاب إلى كركميش، حيث وقعت معركة كبرى كان الانتصار الحاسم فيها للجيش البابلي.

وواصل (نبو خذ نصر) زحفه نحو مصر وبينما كان على رأس جيشه عند (نهر العريش)، في (سيناء) وصلته الأخبار بوفاة والده، فعهد بقيادة الجيش إلى أحد ثقات ضباطه. وقفل عائدا بسرعة فائقة إلى العاصمة (بابل) قاطعا المسافة في ثلاثة وعشرين يوما، وأول عمل قام به عند وصوله (بابل) هو دفن جثمان والده الذي جرى بحفل مهيب.

ومما يذكر أنه ليس هناك ما يثبت صحة زواج (نبو خذ نصر) من أميرة مصرية، كما ذكر البعض وأسموها، (نيتوكريس)، ابنة الفرعون (نيخو)، وأنه لم يتزوج من الأميرة الميدية التي أسمتها المصادر القديمة، (أموهين)، حيث ليس في المصادر البابلية المتوافرة لدينا الآن ما ينوه عن أي من هذين الزواجين، والغريب أن بعض الكتاب اليونان والرومان يذهبون للقول بأن نبو خذ نصر، قد شيد للأميرة الميدية التي تزوجها بحسب قولهم، (الجنائن المعلقة)، في مدينة بابل (إحدى عجائب الدنيا السبع) كيما تذكرها ببيئة بلادها الجبلية.

كما يظهر من المصادر اليونانية والرومانية التي أوردت خبر (الجنائن المعلقة) أن نبو خذ نصر، قد زود قصره بآلات ونباتات جعلها على شكل طبقات وهو سر لا يعرفه أحد إلى هذه اللحظة رغم التطور الصناعي والحديث والمتقدم.

لقد ظل نبو خذ نصر يتردد في سنواته الأولى على سوريا بقواته لإظهار القوة وتحصيل الجزية ولكن هذه الإجراءات لم تمنع (يهوياكيم) حاكم (يهوذا) بفلسطين من إعلان تمرده على السلطان البابلي بتحريض من الملك الفرعوني الذي عاد إلى سياسته التقليدية في إثارة الاضطرابات بجنوبي فلسطين لإشغال

البابليين وإبعاد خطرهم عن حدوده عن طريق إنفصال هذه المنطقة كيما تشكل دولة حاجزة بينهما، لذلك دارت معركة في سنة (٦١٠ ق.م) بين (ملك بابل وفرعون مصر) وأخمد (نبو خذ نصر) عصيان (يهوياكيم) الذي مات خلال تقدم (نبو خذ نصر) وجعل محله (يهوياكين) ودخل نبو خذ نصر (القدس) في (١٠ آذار ٥٩٧ ق.م) ووضع على الحكم مكانه عمه (ماتينا) الذي اتخذ اسم (صدقيا) وحمل (نبو خذ نصر) معه إلى بابل ما يقارب (الثلاثة آلاف من اليهود) كان على رأسهم (يهو ياكين) وعائلته و(حزقيال) النبي المعروف، والذي ما يزال قبره ماثلا في (قصبة الكفل) قرب (مدينة الحلة) بمحافظة (بابل) الحالية بالعراق. قَالَ تَعَالَىٰ: ﴿ وَإِسْمَٰعِيلَ وَإِدْرِيسَ وَذَا ٱلْكِفْلِ[1] كُلٌّ مِّنَ ٱلصَّٰبِرِينَ ﴾[2]. وقَالَ تَعَالَىٰ: ﴿ وَٱذْكُرْ إِسْمَٰعِيلَ وَٱلْيَسَعَ وَذَا ٱلْكِفْلِ وَكُلٌّ مِّنَ ٱلْأَخْيَارِ ﴾[3] و(العزير) قرب مدينة العمارة جنوب بغداد.

وقدم (الآدوميون) إلى نبو خذ نصر المساعدة ضد (يهوذا) ولكن بعد بضع سنوات وبتحريض من فرعون مصر والجماعات المناوئة للبابليين في مقاطعة يهوذا بفلسطين تمرد (صدقيا) عم نبو خذ نصر سنة ٥٨٩ ق.م ضد نبو خذ نصر وتقدم الفرعون ابريز (حوفرا) حال تسلمه العرش وسيطر على (غزة)، وهاجم (صور) و(صيدا). وربما كان تقدم الجيش الفرعوني قد شجع (صدقيا) على الاستمرار في

(١) ذَا الكِفْلِ: قِيلَ هو إلياس (عليه السلام). ينظر: مخلوف، المرجع السابق، ص٣٢٩.
(٢) سورة الأنبياء ٢١: آية ٨٥.
(٣) سورة ص ٣٨: آية ٤٨.

المقاومة. حيث أن القوات البابلية قد تراجعت مؤقتا ولكنها عادت لضرب المدينة وانسحب منها الفراعنة.

وعسكر، نبو خذ نصر، قرب حمص بسوريا وحاصرت قواته القدس وسقطت بعدها المدينة وهرب صدقيا وألقت القوات البابلية القبض عليه في أريحا. وقدر عدد الذين حملهم نبو خذ نصر إلى بابل بعد إخماد هذا التمرد بأكثر من (خمسين ألف أسير إلا أن سفر الملوك الثاني في العهد القديم يجعلهم بين ٨ إلى عشرة آلاف[١]. وهذا يذكرنا بالعداء اليهودي للعرب والمسلمين قديما وحديثا.

٦) مظاهر الحضارات العربية في العراق:

ولما كانت الحضارات العربية في العراق هي من الدعائم الأساسية للحضارة الإنسانية عامة والأوروبية خاصة، فإننا نجمل بعض مظاهرها البارزة فيما يلي:[٢]

١-الحياة الاقتصادية:

أ-الزراعة:

أقام العرب في العراق جسورا من التراب (السدود) حول مزارعهم حماية لها من مياه الفيضان وكانوا يخزنون المياه الزائدة عن حاجة الحقول في خزانات ذات عيون تنساب منها وقت الحاجة، وبلغ محيط أحد خزانات المياه ١٤٠ ميلا وتمتد منه قنوات تروى مساحات واسعة جدا من الأراضي.

---

(١) موسوعة العراق الحضارية، المرجع السابق.

(٢) دور الأمة العربية في بناء النهضة الأوربية، منشورات اللجنة الشعبية العامة للتعليم والبحث العلمي لليبية، مط الصدى الرياضي، ريودي جانيرو/ البرازيل، ص٣٠ وما بعدها.

وأهم المحاصيل التي زرعها عرب العراق الحبوب، والبقول، ونخيل البلح، والفاكهة، والزيتون الذي عرفه عنهم الإغريق ونقلوه إلى أوربا.

ب-الصناعة:

في بداية الألف الأول ق.م صنع العراقيون آلاتهم من الحديد والبرونز، ونشطت عندهم أيضا صناعة نسيج القطن، والصوف، وصباغة الأقمشة وتطريزها بمهارة فائقة بحيث كانت من أهم صادراتهم وأكثرها رواجا في الخارج.

وقد كثرت الحرف وكثر الصناع حتى أسسوا لأنفسهم (نقابات) تسهر على مصالحهم.

ج-التجارة:

نشطت التجارة نشاطا واسعا وأصبحت مدينة (بابل) مركز تجارة الوطن العربي قديما وأصبحت القوافل التجارية تحمل إلى أسواق المدن العربية منتجات الهند قادمة من الشرق ومنتجات وادي النيل وسواحل الشام وآسيا الصغرى من الغرب.

والواقع أن الطابع التجاري قد غلب على الحضارة العربية في منطقة العراق والدليل على ذلك تلك الكثرة الهائلة التي وصلتنا من الوثائق التجارية، وكان منها ما يتصل (بالبيوع) و(القروض) و(المبادلات)، ومنها ما يتصل (بالعقود) و(الصكوك) و(الإيصالات) و(المشاركات التجارية).

٢-قانون حمورابي:

لقد اعتمد حمورابي في قوانينه (٢٨٢ مادة) على (العرف السائد) في أنحاء البلاد، وعلى ما أصدره أسلافه (السومريون والأكديون) من قوانين ولوائح.

وصاغها باللغة العربية الأكدية ونشرها على الناس لكي ((يمنع الأقوياء من أن يظلموا الضعفاء، وينشر النور على الأرض ويرعى مصالح الحق)) كما قال هو في مقدمة قوانينه.

وفي قوانين حمورابي تظهر (شريعة النفس بالنفس) وشريعة (التحكيم الإلهي)، إلى جانب (الإجراءات القضائية الدقيقة). وقد رتب حمورابي قوانينه ترتيبا علميا فضمنها أحكاما خاصة بالأملاك المنقولة والعقار، والتجارة، والصناعة. وأخرى خاصة بالأسرة والأحوال الشخصية، وثالثة تتعلق بالأضرار البدنية وبالعمل والعمال، ولم تهمل قوانين حمورابي مشاكل الوراثة.

وتطورت التشريعات عند العراقيين بعد قانون حمورابي وكانت تهدف إلى إحلال العقوبات الدنيوية محل العقوبات الدينية، وإلى استبدال القوة بالرحمة، والعقوبات البدنية بالغرامات المالية.

وقد رسمت القوانين للقضاة الأحكام التي يوقعونها على المذنبين، فالإعدام عقوبة شاهد الزور، ولصوص المعابد، وكذلك المهندس الذي يتهدم بناء أقامه، وهاتك العرض، وخاطف الأطفال، وقاطع الطريق، والمتخاذل في ميدان القتال، ومستغل نفوذ وظيفته، والمرأة التي تخون زوجها.

وكانت تقطع يد الابن الذي يضرب أباه، وأصابع الطبيب الذي يتسبب في موت مريضه، ويد القابلة التي تستبدل رضيعا بآخر[١].

---

(١)دور الأمة العربية، مرجع سابق.

وكانت هناك محاكم مدنية قضاتها من المدنيين المحترفين، وكانت الأحكام تدون بمعرفة كاتب خاص. عليه أن يثبت عناصر الدعوة ويسجل أسماء الشهود. وكانت هناك محاكم الاستئناف.

٣-الكتابة والأدب:

لما كان عرب العراق أول من عرف الكتابة في حضارة سومر، وبقدر اهتمامهم بالتجارة، فقد اعتبروا الكتابة وسيلة لتيسير الأعمال التجارية. ومع ذلك فقد عثر على ألواح تتضمن قصصا منصوصة على (لسان الحيوان) وبهذا يكون العرب قد سبقوا الهنود في الكتابة الرمزية وما كتب في (كليلة ودمنة)(١) هو بضاعة العرب ردت إليهم.

ونظرا إلى أن العرب أمة تهتم بتاريخها فقد خلفوا لنا كتبا كثيرة في هذا المجال. ولعل أروع أثر أدبي خلفه لنا عرب العراق هو ملحمة ((جلجامش)) المشهورة وقد وجدت مدونة على اثنى عشر لوحا ضمن مكتبة ((آشور بانيبال)) وهي الآن في المتحف البريطاني، وهي عبارة عن طائفة من القصص جمعت بعضها إلى بعض في عصور مختلفة وتشمل (قصة الطوفان) و(قصة ذي القرنين) ومنها اقتبس هوميروس ((الإلياذة والأوديسة)).

٤-الفلك والرياضيات:

استندت علوم عرب العراق في الرياضات إلى تقسيم (الدائرة) إلى درجات بلغ عددها (٣٦٠ درجة)، وتقسيم (السنة) إلى ايام بلغ عددها (٣٦٠

---

(١) للفيلسوف الهندي (بيدبا) وتعريب عبد الله بن المقفع ببغداد في عصر الخلافة السياسية.

يوما)، وعلى هذا الأساس وضعوا نظاما ستينيا للعد وحساب السنين، ووضعوا جداول لضرب الأعداد الصحيحة وقسمتها، كما اهتدوا إلى (الكسور) وإلى (المربعات) و(المكعبات). وتقدموا في الهندسة حتى عرفوا مساحة الأشكال المعقدة غير المنتظمة.

أما العلم الذي امتاز به عرب العراق على سائر الأمم فهو (علم الفلك) وقد نشأ من اهتمامهم بدراسة النجوم، لهداية السفن، وسفر القوافل، والتوقع بالمستقبل، والمصير. فوصلوا إلى معرفة عدد من النجوم، وسجلوا شروق كوكب الزهرة وغروبه بالنسبة إلى شروق الشمس وغروبها. وفي عصر (نبو خذ نصر) صوروا مسارات الشمس والقمر ولاحظوا الكسوف والخسوف وحددوا تاريخ الانقلابين الشتائي والصيفي، والاعتداليين الربيعي والخريفي- والعرب في العراق أول من ميز بين النجوم الثابتة والكواكب السيارة تمييزا دقيقا، وذلك برصد حركات هذه الأخيرة وتجوالها. وقد أقاموا إلى جوار (معابدهم) (أبراجا عالية)، يتكون الواحد منها من (طبقات مكعبة الشكل) يعلو بعضها بعضا، ويتناقص حجم المكعب كلما زاد ارتفاعا، ويحيط بالبرج سلم خارجي، وكانت هذه الأبراج مراصد فلكية.

وأن كل ما نجري عليه الآن من تقسيم (الشهر) إلى (أربعة أسابيع)، وتقسيم (وجه الساعة) إلى اثني عشرة ساعة (بدلا من أربع وعشرين ساعة كما كان ينبغي)، وتقسيم الساعة إلى (ستين دقيقة)، و(الدقيقة) إلى (ستين ثانية) كل ذلك ورثناه عن عرب العراق[1]. التي لا نشك في أنها كانت حضارة كبيرة وصلت

(١) دور الأمة العربية... المرجع السابق.

إلى درجة رفيعة في كثير من الجوانب. فهم الذين (علموا الإغريق) أسس (علوم الرياضيات) و(الفلك) و(النحو) و(فقه اللغة) و(الآثار) و(التاريخ)، وعن (الإغريق) أخذت (أوربا) بأسرها. وإذا كان الإغريق أخذوا عن عرب وادي النيل وعرب فينيقيا فنونهم المعمارية فإن الأبراج العالية في منطقة الرافدين ربما تكون قد أوحت لعرب الحضارة الإسلامية ببناء القباب العالية.

ولا شك أن ما وصل إليه العرب في العراق من تشريعات دقيقة وعلى رأسها قوانين حمورابي تعد تراثا كبيرا تفوق ما خلفه الرومان من قوانين.

ثانيا: الحضارة الآرامية في الشام، والفينيقية على سواحل سوريا:

كما قامت سلسلة حضارات ببلاد الرافدين، جاءت حضارات عربية أخرى في بلاد الشام. إذ على أرض الشام بنيت (دمشق) إحدى المدن الكبيرة في العالم القديم. وكان من أقدم الأقوام التي استوطنوها (الكنعانيون والعموريون) الذين خرجوا من شبه جزيرة العرب في سنة (٢٥٠٠ ق.م) ضمن الهجرة الثانية حيث استقر (الكنعانيون) في المناطق الساحلية. في حين استقر (العموريون) في المناطق الداخلية بخاصة الجنوبية منها. فأنشئوا الطرقات والمدن في مواطنهم الجديدة فأصبحت مدنهم مراكز حضارية مهمة.

أما (الكنعانيون) وهو (الاسم الذي أطلقه الساميون عليهم) فقد فرضت عليهم البيئة التي استوطنوها أسلوب حياتهم، فالذين استوطنوا القسم الجنوبي من الساحل حيث السهول الفسيحة الخصبة اتجهوا للزراعة ومهنة الفلاحة. بينما الذين استوطنوا القسم الشمالي من ذلك الساحل حيث الجبال العالية والأشجار

الكثيرة كالأرز والصنوبر الصالحة لبناء السفن، والأراضي الزراعية القليلة، والموانئ الطبيعية الآمنة. والعريقة، فقد اتجهوا إلى البحر يمخرون فيه بسفنهم سعيا لكسب رزقهم. وهم الذين سموهم الإغريق (بالفينيقيين).

ثم جاء (الآراميون) الذين خرجوا ضمن الهجرة الثالثة في حدود سنة (١٥٠٠ ق.م) واستوطنوا المناطق الداخلية الشمالية لتلك البلاد.

وقد اتبعت هذه الدول نظاما سياسيا وإداريا متشابها تقريبا، فقد كان الملك الذي يعتلي العرش بالوراثة على رأس النظام السياسي يساعده (مجلس الشيوخ) مؤلف من كبار شخصيات الدولة، مهمته استشارية.

أما عبادتهم فقد عبدوا ما عبده قدماء وادي الرافدين (الثالوث). المكون من (الشمس، القمر، الزهرة) و(بعل وعشتار) كذلك. إلى جانب بعض الظواهر الطبيعية الأخرى التي أملتها ظروف البيئة الشامية.

وأهم ما يميز سكان الشام القدماء هو نشاطهم الاقتصادي، فقد اهتموا بالزراعة مستفيدين من خصوبة أرض بلادهم واعتدال مناخها، ووفرة مصادر المياه فيها التي عوضت عن الأمطار الشتوية كثرة الينابيع وقلة الأنهار الكبيرة فيها، فقامت فيها الزراعة (السقوية) على الأنهار الصغيرة والسيول والينابيع، والزراعة (الديمية) أو (البعلية) على المطر. فأقاموا الخزانات الحجرية الضخمة لخزن أكبر قدر ممكن من المياه للاستفادة منها في الصيف، لاستمرارية أو ديمومة الخضرة على مدار السنة، لذلك تنوعت الحاصلات الزراعية حتى عرفت قديما بالأرض التي تفيض لبنا وعسلا. وكذلك نشطت الصناعة لتلبية حاجة السوق

المحلية من ناحية، وحاجة التجارة النشطة من ناحية ثانية، فتنوعت إلى حد كبير فضلا عن الجودة والدقة مثل (الصابون والزجاج) ثم المنسوجات من النسيج الأرجواني اللون، الضارب إلى الحمرة الذي كان يصدره الفينيقيون إلى الخارج، ومنه جاء الاسم الذي أطلقه اليونانيون عليهم فعرفوا في التاريخ باسم (الفينيقيون)، كذلك نشطت المصنوعات الجلدية والأسلحة بخاصة السيوف الدمشقية التي نالت شهرة واسعة إلى جانب الأدوات والأواني المعدنية وصناعة الخزف والفخار والصناعات الفنية الدقيقة كالحلى والتحف وغيرها.

وقد ساعد موقع بلاد الشام المهم شغف أهلها بالمغامرة والسفر في البر والبحر على ازدهار التجارة إلى حد كبير.

أما بالنسبة للحياة الفكرية والعلمية، فالمعروف أن سكان الشام كانوا على صلة وثيقة بالحركة العلمية في كل من بلاد الرافدين (حضارات العراق القديمة) ووادي النيل (مصر القديمة) لذلك نشطت هذه الحركة في بلادهم.

ومما تجدر الإشارة إليه هو أن الفينيقيين قاموا بدور حضاري مهم إذ عن طريقهم انتقلت مؤثرات تلك الحضارات العربية القديمة في المشرق العربي إلى جنوب وغرب أوروبا وبخاصة إلى بلدان حوض (بحر إيجا) وعلى الأخص اليونان مثل الحروف الهجائية التي تعلمها منهم اليونانيون وعنهم أخذتها أوروبا، يضاف إلى ذلك المعارف الطبية، والرياضيات، والعلوم الفلكية وعلى هذه المعارف والحضارات بنى الإغريق حضارتهم، وهذا ما حصل مرة أخرى في عصور الحضارة العربية الإسلامية.

ثالثا: حضارة اليمن:

كانت لطبيعة الأرض العربية التضاريسية وموقعها الجغرافي الأثر البارز في صفة العرب الحضارية، حيث كان البدو منهم رعاة متنقلون سعيا وراء الماء والكلأ، بينما كان الحضر منهم في المدن يشتغلون بالتجارة والزراعة والصناعة. ففي الجنوب كانت بلاد اليمن قد قطعت شوطا كبيرا في مضمار الحضارة فيما اشتهرت فيها دولة معين وعاصمتها (قرتاو) أو (قرتو) أو (معين) نسبة إلى القبائل المعينية. ودولة سبأ وعاصمتها (صرواح) ثم (مأرب). وقتبان وعاصمتها (تمنع) وحمير وعاصمتها (ريدان) أو (ظفار) في التجارة، والزراعة، والصناعة، والنظم في الإدارة والعمارة والعبادة حتى سميت (بلاد العرب السعيدة)[1].

قَالَ تَعَالَىٰ: ﴿لَقَدْ كَانَ لِسَبَإٍ فِي مَسْكَنِهِمْ ءَايَةٌ جَنَّتَانِ عَن يَمِينٍ وَشِمَالٍ كُلُوا مِن رِّزْقِ رَبِّكُمْ وَاشْكُرُوا لَهُۥ بَلْدَةٌ طَيِّبَةٌ وَرَبٌّ غَفُورٌ﴾[2].

ولسنا بصدد سرد التفاصيل عن هذه الدول وما وصلت إليه من نضج حضاري بعد أن كشفت[3] لنا جهود الأثاريين والباحثين هذا الجانب في مراكز اليمن الحضرية مثل معين وتمنع ومأرب وظفار. لقد اكتسبت اليمن شهرة عالمية في التجارة من خلال سيطرتها على طرق التجارة الخارجية التي تربط بلاد الشرق (الهند والصين) بشبه الجزيرة العربية وشرق أفريقيا عبر المحيط الهندي، أو بحوض البحر المتوسط عبر الخليج العربي والعراق، أو عبر البحر الأحمر ومصر. وبناء

---

(١) علي، تاريخ العرب قبل الإسلام، ١١٨/١.

(٢) سورة سبأ ٣٤: آية ١٥.

(٣) حداد، المدخل إلى تاريخ الحضارة، ص٢٩٠-٢٩٦.

على ذلك اندفعت الدول الطامعة مثل الرومان وبيزنطة والأحباش وفارس متنافسة[1] للتسلط على اليمن وخطوطها التجارية، فكانت حملة الرومان الفاشلة سنة ٢٤ ق.م وبدفع بيزنطة وارثة الرومان أتيحت للأحباش الهيمنة على اليمن بدعوى نجدة مسيحيي نجران من حكم[2] ذي نؤاس الحميري عام ٥٢٥م. ولم يكتف هؤلاء المعتدون باحتلال اليمن واستغلال قدراتها الاقتصادية بل طمعوا بالحجاز حتى قتل أبرهة (أرباط) وسعى إلى منع القبائل العربية من حج بيت الـلـه الحرام تنفيذا لخطة الأحباش. في محاصرة أهل مكة اقتصاديا فبنوا (كنيسة القليس) في صنعاء، التي غالوا في عمارتها. ولما استهزأ العرب بمحاولتهم قصدوا مكة المكرمة لتهديم بيت الـلـه الحرام فواجهتهم[3] القبائل اليمنية والحجازية، ثم كانت إرادة الـلـه تعالى لهم بالمرصاد.

قَالَ تَعَالَى: ﴿ أَلَمْ تَرَ كَيْفَ فَعَلَ رَبُّكَ بِأَصْحَٰبِ ٱلْفِيلِ ۝١ أَلَمْ يَجْعَلْ كَيْدَهُمْ فِى تَضْلِيلٍ ۝٢ وَأَرْسَلَ عَلَيْهِمْ طَيْرًا أَبَابِيلَ ۝٣ تَرْمِيهِم بِحِجَارَةٍ مِّن سِجِّيلٍ ۝٤ فَجَعَلَهُمْ كَعَصْفٍ مَّأْكُولٍۭ ۝٥ ﴾[4].

فأهلكت المعتدين في عام الفيل ٥٧٠م. وهو عام ولادة فخر الكائنات وأشرف الخلق، الرسول محمد صلى الـلـه عليه و سلم.

---

(١) ماجد، د. عبد المنعم، التاريخ السياسي للدولة العربية، مكتبة الأنجلو المصرية، القاهرة (ب.ت) ٧٢/١.

(٢) ابن منبه، وهب، (ت١١٠هـ/ ٧٢٨م)، كتاب التيجان، حيدر آباد ١٣٤٧هـ/ ١٩٢٨م، ص٣٠١-٣٠٢.

(٣) ابن هشام، عبد الملك بن هشام البصري (ت٢١٣هـ/ ٨٢٨م)، السيرة، تحقيق وستنفلد، ط كوتنجن، ١٢٧٦هـ/ ١٨٥٩م، ٣١/١.

(٤) سورة الفيل ١٠٥، آية ١-٥.

وقد سنحت الفرصة لأحد زعماء اليمن وهو (سيف بن ذي يزن) أن يستعين بالفرس لطرد الأحباش بعد هزيمتهم الإلهية وقد تيسر له ذلك عام ٥٧٢م، فاستحق بذلك تهنئة القبائل العربية ومنها[1] وفد مكة التي هددها الأحباش بزعامة عبد المطلب، ولكن أطماع الفرس القديمة في اليمن والتي تنافس بيزنطة في الاستيلاء عليها، دفعهم إلى قتل (سيف بن ذي يزن)، وبذلك تسلط الفرس محل الأحباش، واستمر احتلالهم لليمن حتى جاء الإسلام فاعتنقه آخر حكامهم في اليمن المعروف (ياذان)[2] سنة ٧هـ/ ٦٢٨م لتحرر اليمن من الاحتلال الأجنبي، وتدخل عصر الإسلام المشرف.

رابعا: حضارة الحجاز:

الحجاز، وهي تلك المنطقة المحصورة بين ساحل البحر الأحمر وهضبة نجد، التي عرفت المراكز الحضرية بسبب[3] وفرة مياه العيون والآبار، وتوسطها لطرق التجارة بين الشمال والجنوب باسم (ماكورابا) بمعنى (المزار) أو (المعبد)، أي (بكة أو مكة) ومرد ذلك إلى وقوعها في طريق القوافل بين مأرب في الجنوب وغزة في الشمال، وقربها من البحر الأحمر، وانعقاد (سوق عكاظ) وغيره من الأسواق،

---

(١) ابن عبد ربه، أحمد بن محمد القرطبي (ت٣٢٨هـ/ ٩٣٩م)، العقد الفريد، ط القاهرة ١٢٩٣هـ/ ١٨٧٦م، ١٣١/١.

(٢) ابن قتيبة، عبد الله بن مسلم الكوفي البغدادي الدينوري (ت٢٧٦هـ/ ٨٨٩م) المعارف، تحقيق محمد إسماعيل المصاري، دار المعارف، القاهرة ١٣٩٠هـ/ ١٩٧٠م، ص٣.

(٣) البلاذري، أحمد بن يحيى البغدادي (ت٢٧٩هـ/ ٨٩٢م) فتوح البلدان، فتيق صلاح الدين المنجد، مكتبة النهضة المصرية، القاهرة ١٣٧٦-١٣٧٧هـ/ ١٩٥٦-١٩٥٧م، ص٥١، ٥٣.

فضلا عن مكانتها[١] الدينية. من ناحية أخرى فقد ازداد تأثير المكيين التجاري بسبب ضعف[٢] نفوذ الحميريين في اليمن، كونهم محتلين من قبل الأحباش ثم الفرس من بعدهم، فيما تأكد ذلك من القرآن الكريم حيث كانت لهم رحلتان، الأولى في الشتاء إلى (اليمن والحبشة)، والثانية في الصيف إلى (بلاد الشام والعراق).

قَالَ تَعَالَى: ﴿لِإِيلَٰفِ قُرَيْشٍ ۝١ إِۦلَٰفِهِمْ رِحْلَةَ ٱلشِّتَآءِ وَٱلصَّيْفِ ۝٢ فَلْيَعْبُدُوا۟ رَبَّ هَٰذَا ٱلْبَيْتِ ۝٣ ٱلَّذِىٓ أَطْعَمَهُم مِّن جُوعٍ وَءَامَنَهُم مِّنْ خَوْفٍۭ ۝٤﴾[٣].

وكذلك كانت يثرب (المدينة المنورة) التي ذكرتها النقوش السبأية على طريق التجارة بين اليمن والشام، أما (الطائف) فهي المدينة المشهورة بصناعتها النباتية كالعطر والخمر.

ومن خلال ما سبق، فإن الحجاز قبل الإسلام كانت معرضة لتيارات فكرية ودينية ومادية من مراكز مختلفة فارسية وبيزنطية وآرامية وحبشية أتت بطريق الحيرة وغسان واليمن.

خامسا: حضارات الممالك العربية في أطراف شبه جزيرة العرب (الدويلات الحاجزة):

لقد عملت التجارة على ظهور مراكز حضرية أخرى في الشمال والشمال الشرقي لشبه الجزيرة العربية ونعني بذلك باديتي الشام والعراق، تماما كما كان تأثير التجارة في اليمن والحجاز. ومن الجدير بالذكر أن هذه المراكز الحضارية حظيت

---

(١) ياقوت، ياقوت بن عبد الله (ت٦٢٦هـ/ ١٢٢٨م)، معجم البلدان، بيروت ١٤٠٨هـ/ ١٩٨٨م، ٦٧/٢.
(٢) ابن هشام، السيرة، ١٢٢/١، ١٢٦.
(٣) سورة قريش ١٠٦، آية ١-٤.

بالتشجيع والتأييد من قبل الدول الأجنبية المجاورة لها لأغراض وأهداف خبيثة منها تحقيق مصالحها وذلك لاتخاذها درعا تتقى به هجمات البدو العرب على تخوم حدودها، فكانت أشبه بالدويلات الحاجزة.[1] (Bufferstate) حيث اشتهر منها في بادية الشام (دولة الأنباط) و(تدمر) و(الغساسنة) وفي بادية العراق (دولة المناذرة) (اللخميين) وفيما يأتي تعريف محدود بها، وبالملامح الحضارية لها:

١-دولة الأنباط:

ظهرت هذه الدولة[2] بحدود (ق. ٤. ق.م) في جنوب سوريا محتلة أرض الأدوميين وممتدة من غزة إلى العقبة على شاطئ البحر الأحمر، ومتخذة من (البتراء)[3] عاصمة لها في أرض صخرية ملونة. لقد نشطت هذه الدولة في علاقتها التجارية بسبب توافر المياه وكونها محطة في طريق القوافل بين اليمن والبحر المتوسط حتى كانت صلاتها التجارية تمتد بين جنوب شبه الجزيرة العربية والخليج العربي والصين إلى بلاد الرومان واليونان وجزر البحر المتوسط. فكان (المر والتوابل واللبان) يأتي من اليمن، و(الحرير والزجاج) من بلاد الشام، و(اللؤلؤ) من الخليج العربي، و(الحرير) من الصين، و(الجرار الاتيكية) من اليونان والرومان، بينما كانت تصدر (الذهب والفضة وزيت السمسم والغار) وغيرها. وبسبب هذا النشاط التجاري لدولة الأنباط، فقد كان أهلها موسورين ويقل بينهم الفقراء

---

(١) ماجد، المرجع السابق ٨٣/١ وما بعدها.

(٢) علي، تاريخ العرب قبل الإسلام، ٦/٣.

(٣) البتراء، تعني الصخر، وهي معروفة بالعربية (الرقيم) وفي العبرية (سلاع) وتسمى المنطقة اليوم (وادي موسى) تابعة للمملكة الأردنية الهاشمية.

ويميلون إلى السلم والأمن لأن بهما تزدهر التجارة شريان دولتهم، وهذا ما يفسر حبهم للمال والنظم الديمقراطية.

أما عبادة الأنباط فكانت تشبه إلى حد بعيد عرب شبه الجزيرة، كما يبدو من أسماء آلهتهم، مما يؤكد أنهم موجة جاءت من شبه الجزيرة العربية.

وفي اللغة كان حالهم مزدوجا، فهم يتكلمون لهجة عربية شمالية، مما يؤكد صلتهم بالمنطقة حتى ان (سترابون) و(ديودورس) و(يوسيفوس) يسمونهم (عربا)، بينما كانت كتابتهم باللغة الآرامية حتى على نقودهم التي سكوها، بسبب انتشار اللغة الآرامية وكتابتها في غرب آسيا. لكن التجار منهم كانوا يحسنون اليونانية بالإضافة إلى العربية والآرامية، وهذا من فيض الصلات التجارية مع الأمم المجاورة.

وفي (العمارة والفن) يظهر التأثير اليوناني والروماني في القبور والمعابد والقصور المنحوتة في الصخر، ومن أهمها أبنية هيكل الخزنة والدير والمسرح، لكنهم أوجدوا نوعا من الخزف المزخرف صنعوا منه الكؤوس والأباريق والصحون غاية في الحسن والدقة ويدل على البراعة. على أن عثور علماء الآثار على مواقع آثارية بين العقبة والبحر الميت من المدن والحصون والمعابد عددها نحو خمسمائة (٥٠٠) أمر له دلالته في الرقى الهندسي والمعماري.

٢-دولة تدمر:

ظهرت هذه الدولة في حوالي (ق.١.ق.م) بتأثير هجرات عربية جاءت من شبه الجزيرة العربية وامتزجت بالآراميين واتخذت من تدمر[1] القريبة من حمص

---

(١) ياقوت، معجم البلدان، ٤٩٦/٢، ابن خلدون، العبر، ٧٠/٢.

مركزا لها. وكان لتوافر الماء، وتحول طرق التجارة إلى الشرق من البتراء وحدوث ظروف جديدة هي الأسباب المهمة في تطور هذه القرية إلى دولة ذات شأن.

والأصل في معنى (اسم تدمر) مجهول فيما يقول الباحثون، لكنه قد يكون مشتقا من (تدمرتا) السريانية ومعناها (التعجب)، أما نسبتها في البناء إلى (الجن) بأمر (سليمان عليه السلام) فلا سبيل إليه.

لقد أفاد التدمريون من موقع مدينتهم على طرق التجارة وحيادهم إزاء حالة التنافس والحروب بين اليونان والرومان وبين الفرس، فكانوا يجنون الرسوم من قوافل التجارة المارة بهم من الشرق إلى الغرب وبالعكس (الصين والهند وفارس إلى بلدان البحر المتوسط) ويستثمرون هذا الأمر في إنشاء مملكتهم القوية في ظل ملكها (أذينة) وزوجه (زنوبيا) من بعده، لكن هذا لم ينج الدولة بعدئذ من احتلال الرومان.

وإذا كان التدمريون قد اهتموا بالتجارة والتجار بشكل واضح نقلته لنا النقوش، فأظهرت احترامهم للتجار من خلال إقامة (مجلس الشعب) في الدولة والتماثيل (لرئيس القافلة ولرئيس السوق)، فأنهم لم يهملوا الصناعة والزراعة، فورثوا ما كان للأنباط من دور سياسي واقتصادي.

ويعقد (العالم سيريغ) مقارنة بين أهمية تدمر التجارية والحضارية مع مدن العصور الوسطى وعصر النهضة الأوروبية كالبندقية وانفرس ويروج، ويرى أن تدمر كانت متأثرة بالمظاهر الحضارية للمدن اليونانية والفرثية في بلاد الرافدين أكثر من اتجاهها نحو سوريا الرومانية وذلك في القرن الأول قبل الميلاد قبل أن تخضع

للحكم الروماني. ويذهب (سيريغ) في تأييد قوله بالاستشهاد بالعبادة التدمرية حيث (الآلهة البابلية) وكذلك (الفن)، كزخرفة الألبسة والبناء، فضلا عن النحت والتماثيل البرونزية.

لقد اتخذ التدمريون اللغة الآرامية والعربية كلغة دراجة بينما كانت الكتابة باللغة الآرامية العربية واليونانية.

أما عبادة تدمر فكانت شبيه بآلهة شمالي سورية وبابل وشبه الجزيرة العربية.

وفي جانب العمارة والفن اشتهرت تدمر بآثارها الفنية في البادية والتي تشهد بعظمتها، ومن أشهر هذه الآثار معبد الإله بعل (المسمى بالمعبد الكبير) وشارع الأعمدة المؤدي إليه وطوله (١١٠٠م) وفيه نحو (٣٧٥) عمودا ارتفاع كل منها نحو (١٨م) بقي منها نحو (١٥٠) عمودا صنعت من الحجر الكلسي والمرمر وبجانب هذا هنالك (القبور) التي يسمونها (بيوت الأبدية) على هيئة أبراج تحوي عدة طوابق، أو بشكل مدافن تحت الأرض بزخارف جميلة.

وعلى العموم فإنه بوساطة الآثار الفنية التدمرية يمكن تتبع التأثيرات الشرقية على الرسوم اليونانية والرومانية والبيزنطية فيما بعد[١].

٣-دولة الغساسنة:

ظهرت هذه الدولة في بادية الشام نتيجة لهجرة جاءت من جنوب شبه الجزيرة العربية بعد اختلال نظمها الزراعية، وقد سكنوا (حوران) جنوبي دمشق،

---

(١) حداد، المدخل إلى تاريخ الحضارة، ص٣٠٤.

وقد نالت هذه الدولة منذ قيامها تأييدا من البيزنطيين[1] لغرض وهدف خبيث هو لتدفع عنهم غارات البدو القبائل العربية، التي عانت منها كثيرا. وقد عرف لهذه الدولة عاصمتان دينية بعد اعتناقهم المسيحية في القرن الرابع الميلادي وهي (بصرى)، وسياسية كانت (الجابية) في (الجولان) وربما كانت (جلق) وهي على ما يحتمل مدينة (الكسوة) اليوم.

انتفعت دولة الغساسنة كغيرها من دول البوادي من موقعها التجاري على طريق القوافل بين بلاد العرب والبحر المتوسط، لكن موقعها السياسي كان أكثر أهمية في استمرار وجودها. فقد ناصبت اللخميين (المناذرة) بشكل خاص، والفرس بشكل عام العداء، حتى كانت بينهم معارك مشهودة أبرزها (يوم حليمة)[2] قرب قنسرين (عام ٥٤٤م) المنسوب (لحليمة ابنة الحارث الأعرج ملك الغساسنة). وقد أشارت الروايات إلى مقتل (المنذر الثالث الملقب بابن ماء السماء ملك الحيرة) وانتصار الغساسنة في هذه المعركة، وكأن هاتين الدولتين العربيتين قد تقاتلتا مع بعضهما (عوضا أو إنابة) عن (البيزنطيين والفرس) بسبب ولائهما المختلف. واستمر حال الغساسنة هكذا حتى جاء الإسلام، فكان لملكها (جبلة بن الأيهم) مواقف عدائية مع العرب المسلمين في فتوحهم لبلاد الشام، وأخيرا آمن بالإسلام، وإن لم يتمكن الإسلام من قلبه، وعند أول طواف له حول الكعبة المشرفة، واصطدامه بأعرابي ولطمه له -وهي قصة مشهورة معروفة- عندها دعاه والأعرابي، الخليفة الفاروق عمر بن الخطاب (رضي الله عنه) وساوى بينه وبين الأعرابي مما جعل جبلة يلوذ بالفرار إلى القسطنطينية.

---

(١) المسعودي، مروج الذهب، ١٠/٢.

(٢) ابن قتيبة، المعارف، ص٣١٥.

وقد استعمل الغساسنة اللغة الآرامية بالإضافة إلى العربية فكانت لهم لغتان مثل سائل القبائل العربية الأخرى في المنطقة، وكان بلاط ملوكهم مزدهرا بالشعراء من أمثال (حسان بن ثابت) و(لبيد بن ربيعة) وغيرهما.

وفي الجانب الاقتصادي كانت دولة الغساسنة على جانب كبير من التقدم، فهي فضلا عن دورها التجاري كانت تكتنفها نظم زراعية في استخدام مياه الأمطار والآبار بدلالة وجود بقايا ثلاثمائة (٣٠٠) قرية وبلة في جنوب (حوران) وشرقيه.

وفي العمارة والفن كان للغساسنة مستوى متقدما حيث بنيت القصور وأقواس النصر، والحمامات، والأقنية، والمسارح، والكنائس، من حجر البازلت، ومن أشهرها (قصر القسطل) في (البلقاء) و(اذرح) و(قصر المشتى) شرقي البحر الميت و(صرح الغدير) جنوب شرقي (بصرى) و(دير الكهف). وفي (بصرى) توجد آثار أخرى في غاية الأهمية مثل (باب المدينة) و(الأعمدة) التي كانت في (بناية السقاية) و(الأديرة) و(الكاتدرائية) و(المسرح)[(١)].

وعلى العموم فإن دولة الغساسنة قد بلغت درجة من الحضارة يعتقد أنها مزيج من عناصر عربية ويونانية.

٤-دولة اللخميين (المناذرة):

انتقلت في (القرن الثالث الميلادي) قبائل (تنوخ) من شبه الجزيرة العربية إلى غربي الفرات في ظل ظروف تشابه ما أحاط بالغساسنة في هجرتهم، وفي موطنهم الجديد كانت الاضطرابات تسود الشرق حيث سقطت دولة الفرثيين وتأسست

---

(١) حداد، المدخل إلى تاريخ الحضارة، ص٣١٨.

دولة الساسانيين. وقد تحول مخيم هذه القبائل إلى مدينة ثابتة هي الحيرة (في السريانية حيرتا Herta بمعنى المخيم) على مقربة من موقع (الكوفة). وبتشجيع من الفرس قامت هذه الدولة في (بادية العراق)[1] متخذة من (الحيرة) عاصمة لها في ظل مؤسسها (عمرو بن عدى) لقد استغل الفرس قيام مملكة الحيرة في حماية حدودهم من البيزنطيين والغساسنة وأتباعهم من القبائل العربية في الشام، حتى شكلوا لملكها (النعمان بن امرؤ القيس) كتيبتين، هما (الدوسر) وأفرادها من تنوخ و(الشهباء) وأفرادها من الفرس لتأمين هذه الأهداف المغرضة.

ومن ملوك الحيرة المشهورين في تنفيذ الأغراض الفارسية (المنذر الثالث ابن ماء السماء ٥٠٥-٥٥٤م) الذي كان له شأن مع البيزنطيين والغساسنة في أمور الحرب حتى كان (يوم حليمة) مع الغساسنة فذهب ضحيتها. فيما كان ابنه (عمرو بن هند ٥٥٤-٥٦٩م)، ذا شأن مع شعراء المعلقات الذين عاشوا في بلاطه (طرفة ابن العبد)، و(الحارث بن حلزة)، و(عمرو بن كلثوم)، الذي قتل الملك انتقاما منه بسبب إهانة وجهها إلى أمه. وتمشيا مع التبعية السياسية لمملكة الحيرة إزاء فارس انتشرت (الوثنية) بين سكان الحيرة، ثم وجدت (المسيحية) طريقها بين التنوخيين كما كان للحنيفية[2] نصيب في ذلك، في حين فضل ملوك الحيرة البقاء على الوثنية إرضاء لدولة فارس.

_____

(١) ابن الأثير، علي بن محمد الجزري (ت٦٣٠هـ/ ١٢٣٢م)، الكامل في التاريخ، دار صامد؛ بيروت ١٣٨٦هـ/ ١٩٦٦م، ٢٣٣/١، وبشأن مقتل عمر بن هند (بنظر ٣٣٠/١).

(٢) ابن قتيبة، المعارف، ص٢٩٩.

لقد تكلم عرب الحيرة بالعربية والسريانية والآرامية وكتبوا بها، بل ينسب إلى النصارى بأنهم علموا القبائل القراءة والكتابة وأنهم أدخلوا المسيحية إلى نجران، بل وحتى الزندقة من قبل، وفي ذلك قال ابن سننه:(أن قريشا أخذت الكتابة والزندقة عن الحيرة)[1].

والزندقة تعاليم الفرس الوثنية.

وفي جانب العمارة والفن اشتهرت مملكة الحيرة بقصورها[2] ومساكنها ذات (الأسوار) و(الأبراج) التي هي من ضرورات الدفاع. على أن قصري (الخورنق) و(السدير) المنسوبين (للنعمان بن امرؤ القيس) كانا من أشهرها وهما يماثلان في عمارتهما قصور اليمن، مما يشير إلى صلاتهما في فن البناء مع تلك البلاد فضلا عن صلاتهما التجارية السنوية المعروفة باللطائم[3] التي تصل الحجاز.

حاولت الحيرة أن تخرج من الدائرة السياسية لاحتلال فارس، في ظل آخر ملوكها (النعمان الثالث أبي قابوس بن المنذر ٥٨٠-٦٠٢م) الذي اعتنق المسيحية محاولا أن يتخلص من التبعية الدينية والسياسية للفرس، فيما كان من رسائله التي بعث بها إلى شيوخ القبائل العربية يحثهم على (الوحدة) و(مقاومة الاحتلال الفارسي). لكن خطورة هذا الأمر دفعت (كسرى الفرس ابرويز) إلى استدراج

(١) ابن رسته، أحمد بن عمر (ت٢٩٠هـ/ ٩٠٢م)، الإعلاق النفسية، مط بريل- ليدن ١٣٠٩هـ/ ١٨٩١م)، (الحيرة) ص١٣٩.

(٢) النويري، أحمد بن عبدالوهاب (ت٧٣٣هـ/ ١٣٣٢م)، نهاية الأرب في فنون الأدب، ط القاهرة ١٣٤٨-١٣٧٥هـ/ ١٩٢٩-١٩٥٥م، ٣٨٥/١.

(٣) اللطائم: جمع لطيمة، وهي التجارة التي كان يبعثها ملك الحيرة لتباع في سوق (عكاظ) الواقع بين النخلة والطائف، ينظر: ابن الأثير، الكامل، ٣٩١/١، ٣٥٩-٣٦٣.

النعمان وقتله. لقد كان هذا الأمر سببا في مقاومة أهل الحيرة للتسلط الفارسي يعاونهم في ذلك قبائل العراق، أمثال قبائل شيبان والقبائل العربية الأخرى، إذ ألحقوا الهزيمة بالفرس في (معركة ذي قار) والتي قال عنها الرسول صلى الـلـه عليه و سلم فيما بعد:(هذا أول يوم انتصفت العرب فيه من العجم وبي نصروا)[١] .

واستمر حال الحيرة كذلك حتى جاء الإسلام حيث أرسل الرسول صلى الـلـه عليه وسلم رسالة إلى ملك الفرس الذي مزقها، وهي أول رسالة تمزق لرسول الـلـه صلى الـلـه عليه وسلم، وقد دعا عليه بقوله:

((مزق الـلـه ملكه...))، وتحررت الحيرة من السيطرة الفارسية كغيرها من المناطق. في معركة (القادسية) تحت راية العرب المسلمين، وبقيادة سعد بن أبي وقاص. كانتصاف ثان، ومزق الـلـه ملك فارس إلى الأبد.

مما تقدم يتبين العمق الحضاري للأمة العربية قبل الإسلام، من خلال صلاتها التجارية ومراكزها المدنية، فضلا عن الموروث الحضاري للعرب مما ظهر من حضارات العراق كالسومرية والأكدية والبابلية والآشورية وحضارة مصر القديمة (الفرعونية) وحضارات بلاد الشام كالأموريين والكنعانيين واللحيانيين وغيرهم.

وبناء على ذلك فليس من الغريب أن تعد أمة العرب واحدة من الموارد التي قامت عليها الحضارة العربية الإسلامية.

---

(١) ابن الأثير، الكامل- ٢٨٥/١.

سادسا: حضارة وادي النيل (مصر):

عاش العرب كعادة البشر في أول الأمر جماعات متفرقة سكنت كل منها إقليما خاصا بها، ولها أميرها وإلهها، وقد بلغ عددها حوالي ٤٢ إقليما حول وادي النيل ثم اتحدت هذه الجماعات مع بعضها بعضا في مملكتين هما: مملكة الشمال في الوجه البحري، ومملكة الجنوب في الوجه القبلي، واستطاع أحد ملوك الوجه القبلي توحيد المملكتين بالقوة في دولة واحدة حوال عام ٣٩٩٤ ق.م. وكان لذلك أثره الكبير في توحيد إمكانيات الوادي وتقدم الحضارة فيه ومنذ ذلك الوقت بدأ ما يسمى ((بعصر الأسر)) التي حمت وادي النيل منذ عصر الوحدة حتى غزو الإغريق على يد الإسكندر المقدوني وقد بلغ عدد هذه الأسر (٣٠ أسرة).

ونظرا لطول تلك الفترة فقد اتفق المؤرخون، على تقسيمها، إلى ثلاثة [1] أقسام رئيسية هي:-

١-الدولة القديمة:

بدأ تاريخ الدولة القديمة منذ أن توحدت الأقاليم، وقد تميز عصر هذه الدولة بوحدة القبائل وانضوائها تحت دولة واحدة من إقليم النوبة جنوبا إلى البحر المتوسط شمالا ومن البحر الأحمر شرقا إلى المناطق التي تسكنها القبائل الليبية (الليبو) غربا. وقيام الفراعنة (الملوك) ببناء القبور (الأهرامات) التي اشتهر بها وادي النيل.

وقد امتد تاريخ الدولة القديمة طوال (١٢١٥سنة) وفي أواخر المدة دبت الفوضى في وادي النيل نتيجة الصراع على السلطة، ودفعت تلك الأحوال السيئة

---

(١) دورة الأمة العربية في بناء النهضة الأوربية، المرجع السابق، ص٣٤ وما بعدها.

أحد الحكام إلى تولي السلطة والقضاء على الفوضى وإعادة توحيد البلاد ونشر الأمن فيها. وبذلك بدأ عصر الدولة الوسطى.

٢-الدولة الوسطى:

تميز معظم عصر هذه الدولة بانتشار الأمن والرخاء والاستقرار. حيث اهتم القوم بالري فبنوا الجسور وشقوا الترع، وأقاموا المقاييس، ليتمكنوا من معرفة ارتفاع مياه النيل، وقت الفيضان، فازدهرت الزراعة، ونشطت التجارة، كما توطدت الوحدة حتى شملت إقليم النوبة.

غير أن هذا الرخاء، لم يستمر طويلا، لأنه منذ أن تولى الحكم في وادي النيل ملوك ضعاف، لم يهتموا بتقوية البلاد وازدهارها. مما أدى إلى طمع الجيران فيها. فغزاها الهكسوس - وهم القبائل العربية الرعاة التي كانت تسكن جنوب الشام- وسيطروا على شمال الوادي مدة تقرب من ١٥٥ عاما. أما الجزء الجنوبي، فقد تفكك إلى إمارات صغيرة.

٣-الدولة الحديثة:

استطاع أحد ملوك وادي النيل ويدعى ((أحمس)) توحيد جهود الأمراء في هذا الوادي وإعداد القوات العسكرية وتدريبها على استخدام العجلات الحربية. وبعد ذلك دخل في معارك متعددة مع العرب الهكسوس، ونجح في هزيمتهم وطردهم من الوادي باتجاه إفريقية (ليبيا وتونس) وإعادة استقلاله.

تميز عصر هذه الدولة باتساعها فشملت إقليم النوبة ووادي النيل وإقليم الشام. وفي أواخر عصر الدولة انتقل حكم الوادي إلى القبائل الليبية (الليبو) التي

كونت معظم أفراد الجيش وقادته منهم وذلك حوالي عام ١٦٣٠ق.م وذلك دليل على التلاحم بين العرب في وادي النيل والقبائل التي تسكن ناحية المغرب في الشمال الإفريقي بل وصل حكم الأسرة الثانية والعشرين الليبية إلى توحيد معظم المنطقة العربية من شمال أفريقيا إلى إقليم الشام. وهذه الوحدة مدونة على جدران (معبد الكرنك) ومن ثم انتقل حكم هذه المناطق إلى عرب النوبة في الجنوب[1].

سابعا: حضارة شمال أفريقيا:

دلت الآثار التاريخية أن عرب الشمال الأفريقي قديما عاشوا على طول امتداد الصحراء الكبرى حيث كانت المياه في ذلك الوقت متوافرة، مما ساعد على نمو الأشجار والحشائش وقد سكنوا الكهوف، واعتمدوا في غذائهم على الصيد.

ولما تغيرت الأحوال المناخية بعد ذلك. انتقل العرب من تلك المنطقة، واتجهوا نحو سواحل البحر أو ضفاف نهر النيل. واستقروا هناك، واستغلوا بالزراعة واستأنسوا بعض الحيوانات.

١-العرب الفينيقيون:

منذ فترات موغلة في القدم استقر في الشمال الأفريقي قبائل من العرب (الحميرية) و(الكنعانية) و(الفينيقية) وجاءت هذه الهجرات إما عن طريق باب المندب والحبشة وبلاد النوبة أو عن طريق وادي النيل أو عن طريق البحر المتوسط.

وتكونت حضارات راقية بعد نمو المدن وأهمها مدينة (قرطاجة) التي ازدهرت حوالي عام ١٤٩٠ ق.م.

---

(١)دورة الأمة العربية في بناء النهضة الأوربية، المرجع السابق، ص٣٤ وما بعدها.

واستطاع العرب في هذه المدينة تكوين دولة واسعة امتدت من سرت شرقا حتى المحيط غربا بالإضافة إلى جزر البحر المتوسط وجنوب فرنسا (بلاد الغال) وإيطاليا وشبه الجزيرة الأيبيرية ومن أهم المدن التي شيدها العرب على الشمال الأفريقي (لبدة)، و(أويا)[1]، و(صبراتة)، و(عنابة)، و(طنجة).

٢-العرب النوميديون:

أطلق اسم (نوميديا) قديما على معظم الشمال الإفريقي، وقد تأثرت هذه المنطقة بالحضارة الفينيقية، ونتج عن ذلك أن قامت هناك مملكة منظمة اتخذت من مدينة ((قرطبة)) -قسنطينة- الحالية عاصمة لها واشتهر من ملوكها الملك ((يوغرتا)) الذي اشتبك مع الرومان في حرب استمرت ست سنوات، بسبب عدائهم للأمراء النوميديين، كما قام العرب النوميديين بمواجهة قوية للسيطرة والاحتلال الروماني لمناطق الشمال الإفريقي.

---

(١) أويا- هي طرابلس الغرب الحالية.

الفصل السادس

التأثيرات الأجنبية لشعوب البلاد المفتوحة
في أصول الحضارة العربية الإسلامية

الفصل السادس

التأثيرات الأجنبية لشعوب البلاد المفتوحة في أصول الحضارة العربية الإسلامية

كانت الدولة العربية الإسلامية بعد إنجاز حركة التحرير والفتوح الإسلامية قد امتدت[1] بين الصين شرقا وبلاد الأندلس غربا وبين بحر قزوين شمالا إلى بلاد النوبة جنوبا، وقد أدى هذا الامتداد الواسع إلى انضواء شعوب وأمم كثيرة تحت سيادة الدولة الجديدة، وقد كانت بعض تلك الشعوب تنتسب إلى وسط حضاري سابق في مناطق مختلفة من البحر المتوسط أو العالم القديم (آسيا وأفريقيا وأوروبا)، وبسبب ما تمتع به العرب من مرونة وحس حضاري وانفتاح على الشعوب، فقد امتزجوا حضاريا مع هذه الأمم وتفاعلوا معها لأن لتواصل الحضارات خاصية أساسية مستمدة من كيانها الإنساني والاجتماعي. وحالة الامتزاج الحضاري الذي شهدها العرب مع الأمم الأخرى تميزت بصفة الانتقاء للعناصر الحضارية الصالحة من حضارات أهالي البلاد المفتوحة، كبعض النظم الإدارية والمالية والسياسية، بل ظلت لغة الدواوين هي لغة البلاد المفتوحة إلى أن عربت[2] على يد الخليفة الأموي عبد الملك بن مروان. كما عملوا على تنمية

---

(1) ابن صاعد، صاعد بن أحمد بن صاعد (ت ٤٦٢هـ/ ١٠٦٩م)، كتاب طبقات الأمم، بيروت ١٣٣١هـ/ ١٩١٢م، ص٣٦.

(2) ابن خلدون، المقدمة، ص٢٤٤.

التقاليد الفنية والصناعية لدى تلك الشعوب، بينما أثار الإسلام فيهم من حماسة للعلم والمعرفة والتسامح الديني. من جهة أخرى فقد رفضت الدولة الجديدة كل ما يتعارض مع الشريعة الإسلامية من التقاليد والنظم والقوانين المتبعة في تلك البلاد المفتوحة، بينما مزجت العناصر النافعة بوعي وإدراك بعد أن أكملت النقص فيها، مكيفة الأفكار الدخيلة وفق حاجتها، فأقامت بذلك حضارتها الجديدة المتميزة بطابعها العربي وروحها الإسلامية.

وقد ساعدت عوامل[١] المزج على ازدهار الحضارة العربية الإسلامية، بل كانت سبب تطورها وتقدمها فيما بعد ومن أبرزها:

١- اعتناق الإسلام: من قبل الشعوب المفتوحة الذي شجع على اكتساب العلم والمعرفة فيما كان اعتناقها للإسلام يعني ابتعادها عن عناصر حضارتها السابقة والتوجه إلى إبراز الحضارة العربية الإسلامية.

٢- التعريب: ويقصد به جعل (اللغة العربية) اللغة الرسمية لإدارة الدولة (الدواوين) والعلم والمعرفة والتعامل بين الدولة العربية وسكان البلاد المفتوحة من العناصر المختلفة (فرس، رومان، أقباط، بربر، وغيرهم) الأمر الذي ترتب عليه أن أقبل هؤلاء على تعلم اللغة العربية وهجر لغتهم الأصلية تدريجيا فأصبحت العربية كما يسميها ابن خلدون ((لسانا حضاريا في جميع الأمصار الإسلامية))[٢].

---

(١) فريحات، وآخرون، المرجع السابق.

(٢) ابن خلدون، المقدمة، ص١٩٣.

٣- رغبة الأنظمة السياسية للدولة العربية الإسلامية (الأموية والعباسية) في الاستعانة بالعناصر غير العربية في الجهود العلمية والإدارية وكانت حالة الاعتماد في هذا الجانب أوضح في العصر العباسي منها في العصر الأموي.

٤- التنافس العلمي بين مراكز الخلافة العربية الإسلامية في كل من بغداد والقاهرة وقرطبة مما كان له الأثر الواضح في تشجيع العلوم والمعارف واستقطاب العلماء.

٥- التراث الحضاري للأمم الماضية.

أما التأثيرات الأجنبية لشعوب البلاد المفتوحة، قد شمل:-

أولا: تأثيرات الحضارة اليونانية والرومانية:-

تأثر المسلمون بهاتين الحضارتين بطريق مباشرة تضمن تعريب مخلفاتهم وكتبهم العلمية، وطريق غير مباشرة باتصالهم بأمم أخرى كانت متأثرة بتلك الحضارتين كالفرس والهنود والقبط والسريان وغيرهم الذين أسهموا في بناء الحضارة العربية الإسلامية. لقد دخل في رعاية الدول العربية الإسلامية عند تحريرها لبلاد العراق والشام ومصر كثير من عناصر السريان واليونان والفرس والقبط والرومان وعناصر أخرى كانت حضارتهم قد اختلطت مع بعضها عندما امتدت إمبراطورية اليونان في عهد الإسكندر الأكبر إلى هذه الجهات ونشأ ما يعرف بالعصر أو الحضارة الهلنستية[١] وهي الفترة الممتدة من موت الإسكندر عام ٣٢٣ق.م إلى الفتح العربي الإسلامي حيث التقت حضارات اليونان والرومان

(١) عاشور، سعيد عبد الفتاح، وسعد زغلول عبد الحميد، وأحمد مختار العبادي، دراسات في الحضارة العربية الإسلامية، ط الكويت ١٤٠٦هـ/ ١٩٨٥م، ص٨٢.

وحضارات العراق ومصر والشام القديمة، فيما عاشت تلك الحضارات نمطا حضاريا مشتركا مطبوعا بالطابع اليوناني والصبغة الشرقية، وبناء على ذلك، فإن العرب المسلمون حينما حررت المناطق في حركة التحرير والفتح وجدوا مراكز متعددة لعلوم اليونان المعروف المشتهر منها:

١-جند يسابور:

في سنة ٥٢٨م أغلق (جستنيان) إمبراطور القسطنطينية مدرسة أثينا الوثنية فهجرها علماؤها واتجهوا شرقا يبحثون عن مأوى في دولة أخرى (الفرس)، وكان أن استقروا في جند يسابور حيث أقام كسرى أنوشروان (٥٣١-٥٧٩م) بيمارستانا (مستشفا) ومدرسة للطب. وتقع هذه المدينة في إقليم خوزستان وكان قد أسسها (سلبور الأول) لتكون معتقلا لأسرى الروم ولذلك كانت اللغة والثقافة اليونانية معروفة فيها، ولما استقر العلماء اليونان ذاع صيتها بدراسات الطبيعة.

٢-نصيبين:

حينما أغلق (زينون) إمبراطور القسطنطينية مدرسة النساطرة في الرها سنة ٤٨٩م رحل علماؤها إلى نصيبين حيث أسسوا مدرسة اشتهرت في ميادين الفلسفة والطب اليونانيين.

٣-حــــران:

وهي تقع إلى الجنوب من الرها، وكانت مركزا لعبدة النجوم من الصابئة وهم من السريان وكانوا (أهل علم ودراية) ويتقنون اليونانية والسريانية كما

تعلموا العربية عندئذ، فنقلوا الكتب الإغريقية إلى السريانية ثم إلى العربية. ويقول (موللر) في التعبير عن إجادة السريان للغة اليونانية وجهودهم في تعريب الكتب الإغريقية في البلاد الواقعة بين إنطاكية والموصل: (أن من يجيد اللغتين يجد أنه من المستحيل أن يفرق بين الأصل والترجمة السريانية)[1].

٤-الرهـــا:

وهي المركز الرئيسي لعلماء اليونان الذين تركوا بلادهم تحت تأثير الاضطهاد الديني واتجهوا شرقا حيث استقروا في الرها بإقليم الجزيرة بشمال- غرب العراق وهناك أسسوا مدرسة للنساطرة ازدهرت في القرن الخامس الميلادي.

٥-أنطاكيـــا:

وهي تقع في شمال الشام وكانت من أكبر مراكز العلم اليوناني.

٦-الإسكندرية:

وهي الميناء المصري، والمدينة التي عرفت بأهميتها في دراسة علوم اليونان، من خلال مكتبتها الذائعة الصيت وظهور مذهب الأفلاطونية الحديثة.

لقد استمرت هذه (المراكز) بدورها الفعال في ظل قيام الدولة العربية الإسلامية بصفتها مواطن للحضارة اليونانية واشتهر الكثير من علمائها في فروع المعرفة المختلفة الذين استعان بهم خلفاء الدولة العربية الإسلامية في نقل معارف اليونان وعلومهم إلى اللغة العربية في (العصرين الأموي والعباسي). ففي (العصر

_____

(١) بخش، خودا، حضارة الإسلام، تعريب د. علي حسني الخبوطلي، ط بيروت ١٣٩١هـ/ ١٩٧١م، ص١٢٨.

الأموي) اشتهر معاوية بن أبي سفيان وخالد بن يزيد وعمر بن عبد العزيز وهشام بن عبد الملك بالاهتمام بتعريب العلوم اليونانية وغيرها من المعارف إلى اللغة العربية، بينما كان (العصر العباسي) في (بغداد) أكثر اتساعا في هذا الجانب في ظل خلافة أبي جعفر المنصور والخليفة هارون الرشيد، والخليفة المأمون الذي تميز عصرهم بالحرية الفكرية، وازدهار (بيت الحكمة) في بغداد بالتعريب عن علوم الأوائل عن الثقافة اليونانية وغيرها من الثقافات.

ثانيا: تأثيرات الحضارة الهندية:-

ترجع صلة العرب بالهند إلى عصر ما قبل الإسلام حيث كانت الصلة بينهما تجارية وحضارية، ولكن بامتداد حركة الفتح العربي الإسلامي إلى الهند في خلافة الوليد بن عبد الملك (٨٦-٩٦هـ/ ٧٠٥-٧١٤م) ازدادت هذه الصلة بانتشار الإسلام، ثم تواصلت العلاقة في خلافة أبي جعفر المنصور (١٣٦-١٥٨هـ/ ٧٥٣-٧٧٤م) ونشطت مرة أخرى في القرن الخامس الهجري/ الحادي عشر الميلادي أثناء الحكم الغزنوي.

لقد أشاد علماء المسلمين وكتابهم بحضارة الهند في ميادين الرياضيات والطب وعلم الفلك وعلم النجوم والأدب وغيرها. ومن الجدير ذكره أن بعض هذه الميادين قد أطلع عليها العرب المسلمون حينما عكفوا على تعريب التراث الفارسي، لأن جزءا كبيرا من ثقافة الهنود وعلومه قد انتقل إلى الفرس بحكم ما كان بين الطرفين من علاقة قبل الفتح العربي الإسلامي. ومن المعارف التي أخذها العرب المسلمون عن الهند (الرياضيات) حيث حقق الهنود فيها نتائج بارعة.

ويكفي أن نشير إلى الأرقام الحسابية التي انتقلت من المسلمين إلى الغرب الأوروبي والمعروفة باسم (راشيكات الهند). ومثل هذا يقال عن علم الفلك الذي انتفع به العرب المسلمون، وعربت الكتب الهندية فيه إلى العربية، منها ما ذكر عن الخليفة أبا جعفر المنصور الذي أشار بتعريب كتاب (برهمكبت) في علم الفلك ثم أوصى بأن يستخرج منه (زيجا) تتخذه العرب أساسا لدراسة حركات الكواكب وقد أنجز العالم العربي الفزاري هذا الزيج، كذلك أخذ العرب المسلمون كتاب (السند هند) في هذا الميدان، ويرى العالم الإيطالي (بنللينو) أن المسلمين أخذوا الكثير في علم الفلك عن الهنود. وما يقال عن الفلك يقال عن الطب حيث عربت الكثير من الكتب الطبية الهندية إلى العربية مثل كتاب (سيرك) وكتاب (سسرد) وكتاب (أسماء عقاقير الهند) وغيرها، علما بأن علماء الهند نبغوا في استخدام الأعشاب الطبية في مداواة العلل التي أفاد منها المسلمون.

ولا شك أن الإتصال بالحضارة الهندية جاء مصحوبا بتعريب كثير من المصطلحات والأسماء والحكم والأمثال مثل (زنجبيل) و(كافور) و(خيزران) وغيرها، فضلا عن تعريب بعض القصص الهندية مثل (كليلة ودمنة) و(السندباد). بالإضافة إلى نقل بعض الألعاب التي استهوت الحكام المسلمين مثل (لعبة الشطرنج)، كذلك اقتبس العرب المسلمين من حكم الهنود الأمثال وهي خلاصة تجارب الأجيال المتعاقبة[1].

(١) أمين، أحمد ضحى الإسلام، ٢٦٢/١.

ثالثا: تأثيرات الحضارة الصينية:-

تعود الصلة بين العرب والصين[1]، إلى فترة ما قبل الإسلام حيث كان التبادل التجاري بين الطرفين نشطا. ولما جاء الإسلام استمرت تلك العلاقة وكان نشر الإسلام من الدوافع السياسية للدولة العربية الإسلامية في توثيق تلك الروابط. وتشير المصادر إلى أن أول إتصال رسمي بين الدولة العربية الإسلامية وإمبراطورية الصين يعود إلى عهد (الخليفة عثمان بن عفان رضي الله عنه) في سنة ٣١هـ/ ٥٦١م، وفي عهد (الوليد بن عبد الملك) وصل القائد العربي (قتيبة بن مسلم الباهلي) إلى حدود الصين سنة ٩٦هـ/ ٧١٤م، وكان قد عزم على دخولها، حتى تفاوض وفده برئاسة (المشمر الكلابي) مع (ملك الصين) الذي اعترف بقدرة الجيش العربي الإسلامي، ودفع له الجزية دليلا على هذه القدرة[2]. وقد تبينت آثار الحضارة الصينية في الحضارة العربية الإسلامية حينما وجد العرب بعض الأسرى الصينيين في مدينة سمرقند كانوا قد أدخلوا إليها صناعة الورق سنة ١٣٤هـ/ ٧٥١م ومنها انتقلت إلى بغداد[3] عاصمة الخلافة العباسية في عهد الخليفة هارون الرشيد (١٧٠-١٩٣هـ/ ٧٨٦-٨٠٨م). كذلك أخذ المسلمون (البوصلة)[4] التي سموها (الحسك) و(نترات البوتاسيوم) أي (ملح البارود) الذي استخدم في صناعة الأسلحة النارية وبعض صناعات الخزف[5].

(١) السامر، د. فيصل، الأصول التاريخية للحضارة الإسلامية في الشرق الأقصى، ط بغداد، ص١١٢.

(٢) ابن الأثير، الكامل، أصدرت سنة ٩٦هـ/ ٧١٤م.

(٣) ابن خلدون، المقدمة، ص٤.

(٤) هويدي، فهمي، الإسلام ف الصين، سلسلة عالم المعرفة، الكويت ١٤٠١هـ/ ١٩٨٠م، ص٥٧.

(٥) حسن، زكي محمد، فنون الإسلام، القاهرة ١٣٦٨هـ/ ١٩٤٨م، ص٢٩٠.

رابعا: تأثيرات الحضارة البيزنطية:-

لما كانت بعض الولايات العربية قد خضعت للإمبراطورية البيزنطية لفترة طويلة كبلاد الشام ومصر، فقد تركت تلك الدول بعض المظاهر الحضارية التي انتفعت منها الحضارة العربية الإسلامية في مجالات الإدارة والنظم والفنون والعمارة.

ولعل الفترة الأموية كانت من أكثر العصور الإسلامية تأثرا في هذا الجانب، فقد أفاد معاوية بن أبي سفيان من أنظمة[1] الحكم والجيش[2] البيزنطية، ومن بعد ذلك ظهر أن الدولة العربية في العصر الأموي قد تأثرت أيضا بالأسلوب البيزنطي في سك النقود، وبطرز البناء والعمارة.

خامسا: التأثيرات الفارسية:-

احتفظت بلاد فارس بخصوصيتها[3] بمزيج حضاري شرقي بالرغم من خضوعها للتأثيرات اليونانية في ظل (دولة الاسكندر) و(السلوفيين) من بعده. وقد أدى انتشار الإسلام بين أغلب الفرس -وإن آمن بعضهم ظاهريا- وتعلمهم اللغة العربية وإحلال حروفها محل حروف (اللغة الفهلوية) -وهي لغة الفرس في عهد بني ساسان. أدى ذلك كله إلى تسهيل حركة التعريب من الفهلوية إلى العربية.

ويمكن أن يكون قرب حاضرة الخلافة العباسية (بغداد) من بلاد فارس، وظهور منصب الوزارة بمعناه الفني في العصر العباسي والذي عهد أحيانا إلى

---

(١) حسن، حسن إبراهيم، تاريخ الإسلام السياسي، القاهرة ١٤٠٦هـ/ ١٩٨٥م، ٥٥/٢.

(٢) حتى، فيليب، تاريخ العرب، القاهرة، ١٣٧٢هـ/ ١٩٥٢م، ص٢٩٠.

(٣) أوليري، مسالك الثقافة الإغريقية إلى العرب، القاهرة، ١٣٧٧هـ/ ١٩٥٧م، ص١٦٥.

عناصر فارسية، من عوامل نشاط التأثير الفارسي (سلبا أو إيجابا) في ميادين الحضارة العربية الإسلامية.

وإذا كان التأثير اليوناني في حقول الفلسفة والفكر والعلوم، فإن التأثير الفارسي كان في ميدان الأدب.

وقد برز من المترجمين في هذا الميدان ممن يجيدون اللغتين العربية والفارسية نذكر منهم (ابن المقفع) و(الـ نوبخت) و(الحسن بن سهل) و(موسى ويوسف ابني خالد) وغيرهم. في حين وجد البعض من الفرس التي ظلت المجوسية تنخر في عقولهم وتصرفاتهم للإساءة للعرب والإسلام.. في الفكر وإدخال أساليب التعذيب والاغتيالات السياسية.

وإذا كانت حركة التعريب من الفارسية إلى العربية قد اهتمت بجانب الأدب وما ترتبط به من كتب التاريخ والحكمة. فإنه لا يعني أن هذه الحركة لم تمتد لتشمل بعض كتب العلوم الأخرى[1].

سادسا: تأثيرات الثقافة اليهودية والنصرانية:-

كانت الديانة اليهودية والمسيحية معروفة في بعض أجزاء الدولة العربية الإسلامية لأن الأرض العربية كانت مهد الديانات السماوية، وقد عاش معتنقوها في كنف الدولة الجديدة بالعهود والمواثيق منذ أن شرع الرسول صلى الله عليه وسلم دستور المدينة. وقد امتهن البعض من اليهود والمسيحيين (التجارة) و(الصيرفة) و(الصياغة)، وبسبب المصالح المتبادلة في الحياة العامة، ودخول

(1) عاشور، وآخرون، ص٩٠-٩١.

البعض منهم في الإسلام (حقيقة) أو (تظاهرا) فقد انتقلت بعض الروايات اليهودية إلى المسلمين بهيئة القصص الخرافي أو في تفسير القرآن الكريم الذي تناول بني إسرائيل وهو ما عرف بالإسرائيليات[1] المعتمدة على روايتهم للتوراة، ومنها شخصية (عبد الله بن سبأ) وما نسب إليه من الفرق الغالية كالسبئية.

أما المسيحيون فقد نقلت عنهم روايات تتعلق في تفسير القرآن الكريم من حيث وردت مواقف مشتركة بين (القرآن الكريم والإنجيل)، فوجد بعض المسيحيين الذين تظاهروا بالإسلام فرصتهم لتحرير بعض الشروح والتفاسير والأحاديث المنسوبة إلى الرسول صلى الله عليه وسلم والتي نقلها المفسرون، مما أثار جدلا وحوارا بين المسلمين والمسيحيين بعدئذ. لكن سعة الثقافة وعمق الإيمان لدى علماء الكلام والفقهاء والمفسرين المسلمين كان قادرا على التمييز بين (الحقيقة) و(أباطيل المفترين) من اليهود والمسيحيين.

وفي الختام نود أن نؤكد استفادة العرب المسلمين من هذا التراث الأجنبي (اليونان، الرومان، الصينيين، الفرس، الهنود، البيزنطيين، الديانات اليهودية والمسيحية) وغيرهم، من أصحاب الحضارات السابقة لا يقلل من شأن الحضارة العربية الإسلامية، لأن دور العلماء العرب المسلمين لم يقتصر على النقل والتعريب، وإنما تخطى ذلك إلى الدراسة والتحليل والنقد والتصحيح، ثم الابتكار والإضافة وهو ما يصطلح عليه بالتفاعل الحضاري المثمر بين الأمم والشعوب الحية الواعية.

---

(١) أمين، ضحى الإسلام، ٢٦٢/١.

الفصل السابع

النظم العربية الإسلامية

الفصل السابع

النظم العربية الإسلامية

أولا: النظم السياسية:

١-الخلافـــــة:

الخلافة: نظام سياسي عرفه العرب بعد وفاة الرسول محمد (صلى اللـه عليه و سلم)، وقد اشتق من لفظ خليفة، والخلافة مصدر خلف يقال: (خلفه في قومه: يخلفه من بعده)، أو يخلفه خلافة فهو خليفة، قَالَ تَعَالَىٰ: ﴿ وَقَالَ مُوسَىٰ لِأَخِيهِ هَٰرُونَ ٱخْلُفْنِى فِى قَوْمِى ﴾[1].

وقَالَ تَعَالَىٰ: ﴿ يَٰدَاوُۥدُ إِنَّا جَعَلْنَٰكَ خَلِيفَةً فِى ٱلْأَرْضِ فَٱحْكُم بَيْنَ ٱلنَّاسِ بِٱلْحَقِّ وَلَا تَتَّبِعِ ٱلْهَوَىٰ فَيُضِلَّكَ عَن سَبِيلِ ٱللَّهِ ۚ إِنَّ ٱلَّذِينَ يَضِلُّونَ عَن سَبِيلِ ٱللَّهِ ﴾[2].

وقوله تعالى: ﴿ وَإِذْ قَالَ رَبُّكَ لِلْمَلَٰٓئِكَةِ إِنِّى جَاعِلٌ فِى ٱلْأَرْضِ خَلِيفَةً ﴾[3].

فالخلافة تعد رئاسة عامة (مسؤولية) في أمور الدين والدنيا، فالخليفة مسؤول بصورة زمنية وروحية في وقت واحد بكتاب اللـه تعالى وسنة نبيه الكريم وتطبيق ما جاء فيهما.

---

(١) سورة الأعراف٧: آية ١٤٢.

(٢) سورة ص٣٨: آية ٢٦.

(٣) سورة البقرة ٢: آية ٣٠.

وعندما مرض الرسول (صلى الله عليه و سلم) واشتد به التعب طلب من الصحابة (دواة وقرطاسا) قائلا: (أكتب لكم كتابا لا تضلوا بعدي)، فقال عمر بن الخطاب: إن رسول الله قد غلبه الوجع حسبنا كتاب الله، وكثر الكلام، فأمرهم الرسول بالانصراف وأسند رأسه الطاهر على راحتي السيدة عائشة، ولم يكتب الرسول شيئا حتى توفى عليه الصلاة والسلام[1].

فالخلافة إذا نظام مستحدث حتمته أو فرضته الظروف العامة عند وفاة الرسول صلى الله عليه و سلم، دون أن يعين خليفة من بعده أو أن ينص عليها لأحد من بعده، كما أنه لم يخلف ولدا ذكرا من بعده يطالب بخلافته. فاضطر الحاضرون إلى الاجتماع في سقيفة (بني ساعدة) ونتج عن ذلك الاجتماع اختيار (أبي بكر الصديق) رضي الله عنه خليفة للمسلمين.

ويذكر المؤرخون العرب أن الفقهاء وضعوا للخلافة شروطا هي:

أ- العلم.

ب- العدالة.

جـ- الكفاية.

د- سلامة الحواس.

هـ- النسب القرشي.

وقد استمر العمل بهذه الشروط زمن خلفاء الرسول صلى الله عليه و سلم الأربعة بطريقة الشورى والاختيار والمبايعة، وتحول نظام الخلافة بعد ذلك منذ قيام الدولة

---

(١) ابن هشام، السيرة، ١٠٧١/٤. الطبري، الأمم والملوك، ٢٠٧/٣ وما بعدها.

الأموية إلى ملك أسرى قائم على النظام الوراثي[١] وهو ما يعرف حاليا بالنظام الملكي (نظام التوريث)، وقد جرت العادة في الدولتين الأموية والعباسية أن الخليفة الجديد سرعان ما ينتقل إلى مقر دار الخلافة في موكب حافل ثم ترد عليه الوفود للتهنئة، وكان خلفاء بني العباس[٢] متى تمت بيعتهم يختارون لأنفسهم ألقابا (كالمنصور والرشيد والأمين والمعتصم..).

٢-الوزارة:

الوزارة لفظ اشتق من المعاني الآتية:

(الوزر) وهو (الثقل) فالوزير يحمل ثقل مسؤولية منصبه.

أو (الوزير) بمعنى (الملجأ) وكثيرا ما يلجأ الملك أو الخليفة إلى وزيره ويستعين به.

أو (الأزر) بمعنى (الظهر) وذلك أن الملك يستند إلى وزيره كما يستند البدن على الظهر.

وقد ورد هذا اللفظ في القرآن الكريم بقوله تعالى: ﴿ وَٱجْعَل لِّي وَزِيرًا مِّنْ أَهْلِي ﴿٢٩﴾ هَٰرُونَ أَخِي ﴿٣٠﴾ ٱشْدُدْ بِهِۦٓ أَزْرِي ﴿٣١﴾ وَأَشْرِكْهُ فِيٓ أَمْرِي ﴿٣٢﴾ ﴾[٣].

وكلمة وزير كلمة قديمة عرفها العرب قبل الإسلام واستعملوها[٤]، وقد وردت في أشعارهم:

وكنت إماما للعشيرة تنتهي   إليك إذا ضاقت بأمر صدورها
ألم تنقذها من ابن عويمـــر   وأنت صفي نفسه ووزيرهـــا

(١) الطبري، الأمم والملوك، ٦١٦/٣، الدوري، النظم الإسلامية، ٣٧/١.

(٢) اليعقوبي، تاريخ اليعقوبي، ١٧٠/٣.

(٣) سورة طه٢٠: آية ٢٩-٣٢.

(٤) الجهشياري، محمد بن عبدوس الكوفي (ت٣٣١هـ/ ٩٤٢م)، الوزراء والكتاب، مط الحلبي، دمشق ١٣٥٧هـ/ ١٩٣٨م، ص٥٦.

ويذكر أن الرسول صلى الله عليه و سلم، ذكر هذا اللفظ في أحاديث كثيرة فقد روي عن السيدة عائشة رضي الله عنها أنها قالت: قال رسول الله صلى الله عليه و سلم:(إذا أراد الله بالأمير خيرا جعل له وزير صدق، إن نسي ذكره وأن ذكر أعانه، وإذا أراد الله به غير ذلك جعل له وزير سوء أن نسي لم يذكره، وأن ذكر لم يعنه).

وكان مما قاله أبو بكر الصديق رضي الله عنه للأنصار بعد وفاة الرسول صلى الله عليه وسلم (نحن الأمراء وأنتم الوزراء). إذا هذا اللفظ كان شائعا ومتداولا بين العرب وإن كان تداوله لم يكن يعني أن هنالك منصبا للوزير، قد تحددت مهامه، بل كان معناه استعانة الحاكم الأول بمن يشد أزره ويعاونه في الحكم.

وفي عصر (بني أمية) اتخذ الخلفاء مستشارين لهم يقومون بعمل الوزراء إذ يرجعون إليهم في أمور الدولة الهامة.

وفي (العصر العباسي) تبلورت الوزارة واشتهرت فعرفت قواعدها وتقررت مهامها ونظمها وسمي صاحبها (وزيرا) وكان أول وزير لأول خليفة عباسي هو أبو سلمة الخلال[1] للخليفة أبي العباس السفاح. وكان أبو أيوب المورياني، والربيع بن يونس وزيرا للمنصور.

كما عرف نظام الوزارة في عصر (الدولة الأموية بالأندلس) وقد تطور بها في أيام عبد الرحمن الأوسط حيث تحددت اختصاصات كل وزير. والوزارة أنواع:

---

(١) ابن الطقطقي، محمد بن علي بن طباطبا (ت٧٠٩هـ/ ١٣٠٩م)، الفخري في الآداب السلطانية، ط دار المعارف، القاهرة ١٣٦٥هـ/ ١٩٤٥م، ص١٨١-١٨٢.

أ-وزارة تنفيذ: وهذه الوزارة -كما يدل عليها اسمها- يتولاها من ينوب عن الخليفة في تنفيذ الأمور، دون أن تكون له سلطة استقلالية[1].

ب-وزارة تفويض: وهي أن يستوزر الخليفة من يفوض إليه تدبير الأمور برأيه ومضاءها على اجتهاد، فله سلطة الحكم، بإصدار الأحكام بما ينسجم والشريعة[2].

٣-الحجابـــــة:

إن المقصود بالحاجب هو الشخص الواقف بباب الخليفة ليحجب عنه الناس، ويغلق بابه دونهم، أو ينظم دخولهم إليه مراعيا في ذلك مكانتهم وأهمية أعمالهم.

قال ابن خلدون:((هذا اللقب كان مخصوصا في الدولة الأموية والعباسية بمن يحجب السلطان عن العامة ويغلق بابه دونهم أو يفتحه لهم على قدره في مواقيته))[3].

ولم يكن عصر الخلفاء الراشدين يعرف هذه الوظيفة، لأنهم كانوا يلتقون الناس في مجالسهم ويخاطبونهم بلا حاجب فيما روي أن مدافعة ذوي الحاجات عن أبوابهم كان محظورا في الشريعة الإسلامية. ولكن الظروف التي أحاطت بالدولة العربية الإسلامية وتعرض (الخلفاء الراشدين عمر، وعثمان، وعلي رضي الـله عنهم) للاستشهاد، فضلا عن آخرين ممن تعرضت حياتهم للخطر مثل معاوية وعمرو بن العاص، وكانت الخلافة قد تحولت إلى ملك دنيوي في ظل العصر الأموي على يد معاوية بن أبي سفيان:((كان أول شيء بدأ به في الدولة

---

(١) الجهشياري، الوزارة والكتاب، ص١٤ وما بعدها.
(٢) م.ن، ص٣٤ وما بعدها.
(٣) ابن خلدون، المقدمة، ص٢٦٥، تفاصيل ذلك، الرحيم، المرجع السابع، ص١٦٩.

شأن الباب وسده دون الجمهور.. مع ما في فتحه من ازدحام الناس عليهم وشغلهم بهم عن المهمات فاتخذوا من يقوم بذلك وسموه الحاجب))[1]

وروي عن عبد الملك بن مروان أنه قال لحاجبه:قد وليتك حجابة يأبى إلا عن ثلاثة، المؤذن للصلاة فإنه داعي الله، وصاحب البريد فأمر ما جاء به، وصاحب الطعام لئلا يفسد.

وقد اهتم (الخلفاء الأمويون) باختيار الحجاب، بل أن هذا الاهتمام كان من وصايا الخلفاء إلى ولاتهم اعترافا منهم بدور الحاجب ومكانته في تسيير الأمور، ولنا في وصية عبد الملك بن مروان لأخيه عبد العزيز والي مصر دليل في ذلك، فقد جاء فيها: ((... وانظر حاجبك وليكن من خير أهلك، فإنه وجهك ولسانك، ولا يقفن أحد ببابك إلا أعلمك مكانه لتكون أنت الذي تأذن له أو ترده))[2].

وفي (العصر العباسي) حيث ورث الخلفاء العباسيون في دولتهم النظم والإدارة الأموية فاتخذوا الحجاب ونصحوهم بعدم التشدد في معاملة الناس الذين يرغبون في مقابلتهم، فقد روي أن الخليفة أبا جعفر المنصور قال لحاجبه الخطيب عندما ولاه: ((إنك بولايتي عظيم القدر، وبحجابتي عظيم الجاه، فبقها على نفسك، أبسد وجهك للمستأذنين، وصن عرضك عن تناول المحجوبين، فما شيء أوقع بقلوبهم من سهولة الأذن وطلاقة الوجه))[3]

---

(١)ابن خلدون، المقدمة، ص٢٦٢.

(٢) القلقشندي، أحمد بن علي (ت٨٢١هـ/ ١٤١٨م)، صبح الأعشى، الدار المصرية للكتاب، القاهرة ١٤٠٦هـ/ ١٩٨٥م، ١١٤/١.

(٣) النويري، نهاية الأرب، ٩١/٦.

وبالتوجه نفسه قال (الخليفة الهادي العباسي) لحاجبه الفضل بن الربيع: ((لا تحجب عني الناس فإن ذلك يزيل عني البركة، ولا تلقى إلى أمرا إذا كشفته أصبته باطلا، فإن ذلك يوقع الملك ويضر الرعية))[1].

وبمرور الوقت تجاوزت الحجابة مرحلتها الأولى في حفظ باب الخليفة، والاستئذان لمن يدخل عليه، إلى منع الناس من مقابلته إلا في الأمور الهامة، حتى أصبح بين الناس والخليفة (دار للخاصة) و(أخرى للعامة)[2] تتم فيهما مقابلة الناس على منازلهم وطبقاتهم كما يراها الحاجب.

قال ابن قتيبة في ذلك عن لسان أحد الخلفاء وهو يخاطب حاجبه: ((قد وليتك بأبي فما تراك صانعا برعيتي؟ قال: أنظر لهم بعينك، وأحملهم على قدر منازلهم عندك، وأضعهم في أبطائهم عن زيارتك ولزوم خدمتك مواضع استحقاقهم وارتبهم حيث وضعهم ترتيبك وأحسن إبلاغك عنهم وإبلاغهم عنك. قال: قد وفيت ما لك وما عليك))[3].

ثم تجاوز الحاجب هذا الاختصاص إلى المشورة على الخلفاء مستغلين في ذلك مكانتهم العالية، ومنزلتهم السامية، وقربهم من الخلفاء، كما فعل (الربيع بن يونس) حاجب الخليفة أبا جعفر المنصور في أخذ البيعة للمهدي، والهادي وأبعاد عيسى بن موسى عن ولاية العهد، وعمل على نكب الوزير أبي عبيد الله معاوية بن يسار،

---

(١) الطبري، تاريخ الأمم والملوك، ٢١٧/٨.

(٢) ابن خلدون، المقدمة، ص٣٢٢.

(٣) عيون الأخبار، القاهرة ١٣٤٤هـ/ ١٩٢٥م، ٨٣/١.

واستيزار يعقوب بن داود. وكذلك فعل ابنه (الفضل بن الربيع) حاجب الخليفة هارون الرشيد على الإيقاع بين الأمين والمأمون فدفع الأول وخلع الثاني[1].

وبناء على ذلك فقد تطورت وظيفة الحاجب عبر الأزمنة والعصور في أهميتها وتأثيرها على الحكام، في مركز الخلافة وأطرافها، فبعد أن كانت تقتصر على تنظيم دخول الناس عليه في الأولى، ثم اكتسب متوليها بمنع الناس من الدخول عليه إلا في الأمور المهمة في مرحلتها الثانية، ثم اكتسب الحاجب مكانة عالية في فترات سياسية متفاوتة من القوة فما شاهدنا من الأمثلة على الحجاب في العصر العباسي الأول، أو الضعف في العصور اللاحقة بالسلطة من دون الوزير ويحظى بمشورة الخليفة، وتدبير الأمور وهي المرحلة الثالثة من مراحل تطور وظيفة الحجابة[2].

وعن العصور التالية وتسلط الحاجب في حالات ضعف الخليفة وعجزه ذكر مسكويه هذه الحالة في حجابة (محمد بن ياقوت) للخليفتين القاهر والراضي فقال: ((وغلب على تدبير الأمور، ونظر في جباية الأموال، وحضور أصحاب الدواوين في مجلسه، وتفرده بما يعمله الوزراء)).

كما سعى الحجاب إلى الإثراء في هذه الفترة كغيرهم من أهل المناصب العالية بشتى الطرق بالرشوة والهدايا من ذوي الحاجات لقاء توسطهم لدى

---

(١) الجهشياري، الوزراء والكتاب، ص٢١٦.

(٢) ابن الطقطقي، الفخري، ص٦٢، ابن خلدون، المقدمة، ص٣٢١، الصالح، د. صبحي، النظم الإسلامية، دار العلم للملايين، بيروت ١٣٨٨هـ/ ١٩٦٨م، ص٣٠٧.

الخلفاء فقد ذكر أن (الربيع بن يونس) ارتشى من يعقوب بن داود (مائة ألف دينار) مقابل توسطه لدى الخليفة لنيل الوزارة[1].

وفي بعض أطراف الخلافة العباسية أتاحت هذه الوظيفة لصاحبها إن يغتصب الحكم كما فعل (سبكتكين) في تأسيس (إمارة الغزنويين) في الشرق بعد أن كان حاجبا لنوح الثالث الساماني، وبالطريقة نفسها قام المنصور بن أبي عامر (٣٩٢هـ/ ١٠٠١م) إمارة في غرب العالم الإسلامي في الأندلس بعد أن كان حاجبا للخليفة هشام بن الحكم. إذ أن مدلول الحجابة في (الأندلس) يختلف عن مثيله في المشرق الإسلامي، فلم يعد ذلك الشخص الواقف بباب الخليفة ليحجبه عن العامة، وإنما نهض في الأندلس بمهام مجلسه عن مجالسهم بتفرده بمباشرة السلطان في كل وقت فكانت منزلته في غاية الرفعة[2].

وفي فترات الضعف السياسي وشيوع الاستبداد يختص المستبد بلقب الحجابة لشرفها ما فعل المنصور بن أبي عامر وأبناؤه، ومن بعدهم تلقب بها (أمراء الطوائف) حتى كان أعظم ملكا بعد أن ينتحل لنفسه ألقاب الملك وأسمائه لابد من (لقب الحاجب) و(ذي الوزارتين) وهما (وزارة السيف والقلم).

قال ابن خلدون في ذلك: ((ارتفعت خطة الحاجب ومرتبته على سائر الرتب حتى صار ملوك الطوائف ينتحلون لقبها فأكثرهم يومئذ يسمى الحاجب))[3]

---

(١) ابن الطقطقي، الفخري، ص٢٥١. الكروي، د. إبراهيم سلمان، د. عبد التواب شرف الدين، المرجع في الحضارة العربية الإسلامية، ط الكويت ١٤٠٨هـ/ ١٩٨٧م، ص٦٩.

(٢) ابن خلدون، المقدمة، ص٢٦٥.

(٣) المصدر نفسه، ص٢٦٤.

على أن منصب الحاجب لم يكن معروفا في كل بلدان وإمارات العالم الإسلامي، بل اختص ببعضها (الفاطميون) في مصر عرفت وظيفة الحاجب في فترات ازدهارها الحضاري والسياسي، بينما لم يعرفه (الموحدون) في مراكش. فيما عرفه (بنو حفص) في تونس واختص عمله بشؤون المرتزقين في دار السلطان من رزق وعطاء وكسوة وتنقله في المطابخ والإسطبلات وغيرهما وحصر الذخيرة. وربما أضافوا إليه (كتابة العلامة على السجلات) إذا كان ممن يحسن الكتابة. ولما حجب السلطان نفسه عن الناس صار الحاجب الوساطة بينهما، ثم ارتفع شأنه في آخر زمن الإمارة فجمع (سلطة السيف والحرب) ثم (الرأي والمشورة) فصارت الحجابة أرفع الرتب مما مهد لصاحبها في أوقات الضعف السياسي الحجر على السلطان والاستبداد بالسلطة، لكن استعادة السلاطين لنفوذهم السياسي دفعهم إلى إلغاء منصب الحجابة في هذه الفترة.

وفي زمن (بني مرين) بالمغرب الأقصى لم يعرف اسم الحاجب عندهم وإنما كانت حجابة باب السلطان عن العامة يتولاها عندهم (المزوار) ومعناها (المقدم) ويصطلح عليها قياسا لمسؤولياتها (الوزارة الصغرى).

وفي زمن (بني عبد الواد) في المغرب الأوسط (الجزائر) يختص الحاجب في عمله بدار السلطان كما هو حال عمله في زمن (بني حفص) ومرد ذلك هو تبعية بني عبد الواد لبني حفص سياسيا[1].

---

(١) ابن خلدون، المقدمة، ص٢٦٤.

وعرفت الحجابة في زمن (المماليك) في مصر وتوليها منهم وهو من أهل القوة والشوكة، ولكن عمل الحاجب في هذه الحقبة مغاير لما عهدناه في حجابة باب السلطان عن العامة وهو فيما يرى ابن خلدون يتضمن الحكم في طبقات العامة والجند عند الترافع وإجبار من أبي الانقياد للحكم لأنهم ممن يمتلك القوة على ذلك وهي من حيث سلم الوظائف دون وظيفة نيابة السلطنة المفوضة بالحكم من أهل الإمارة في العامة على الإطلاق وأوامرها متخذة كمراسيم السلطنة[1].

ووضعها القلقشندي في المرتبة الثامنة[2] من بين الوظائف العسكرية وصاحبها يعرف (بحاجب الحجاب) ويعاونه عادة عدد كثير من صغار الحجاب[3] وقد وصل عددهم في أواخر زمنهم إلى عشرين حاجبا. وتوزعت أعمالهم في تنظيم مقابلات السلطان والركوب أمامه في المواكب السلطانية والحكم بين الأمراء والجند في المسائل الديوانية وأمور الإقطاعيات والمشكلات الشرعية وغير الشرعية وغيرها من المهام.

٤-الكتابــــة:

تتجلى أهمية (الكتابة) و(دور الكاتب) في تسيير شئون الدولة وذلك لحاجتها إليه باعتبارها (أداة مهمة) من (أدوات الحضارة) وركن من أركان نظام الحكم وفي الدولة العربية لا إسلامية كانت الحاجة إليها مزدوجة من حيث

---

(١) ابن خلدون، المقدمة، ص٢٦٦.

(٢) المصدر نفسه، ص٢٦٧.

(٣) صبح الأعشى، ١٩/٤.

(البلاغة اللغوية) فضلا عن (مقتضيات الجانب الإداري) قال ابن خلدون في ذلك: ((إنما أكد الحاجة إليها في الدولة الإسلامية شأن اللسان العربي والبلاغة في العبارة عن المقاصد))[١].

والراجح أن وجود الكتاب في عصر الرسول صلى الله عليه وسلم، وتنوع تخصصاتهم دليل على مكانة الكتابة في إدارة الدولة العربية الإسلامية فيما ذكر أنه كان للرسول صلى الله عليه و سلم (نيف وثلاثون كاتبا)، منهم عمر بن الخطاب وعثمان بن عفان وعلي بن أبي طالب وزيد بن ثابت رضي الله عنهم جميعا، وقد كتب بعضهم ما جاء به الوحي. فيما اختص بعضهم الآخر كالإمام علي بن أبي طالب رضي الله عنه في كتابة العهود[٢]، وما يبعث به من الكتب للأمراء والرؤساء والملوك وقادة البعوث، وابن الصلت بكتابة أموال الصدقات، وحذيفة بن اليمان بكتابة المداينات والمعاملات، كما كتب البعض بما يخص مصالح القبائل وشؤونهم في مياههم ودورهم، وما يصيب المسلمون من غنائم وغير ذلك من الأغراض والمصالح[٣].

وربما كان هذا التخصص في العمل الكتابي في (عصر الرسول صلى الله عليه و سلم) يشير إلى جذور (نشأة الدواوين) التي عرفت فيما بعد (بالمعنى الفني)، ويعتبر القلقشندي أن (ديوان الرسائل والمكاتبات) كان أول ديوان وضع في الإسلام[٤]. واقتداء بالرسول الكريم صلى الله عليه و سلم اتخذ الخلفاء الراشدون (كتابا) بهم يستعينون بهم في إدارة الدولة[٥]، فقد

---

(١) ابن خلدون، المقدمة، ص٢٦٧.

(٢) القلقشندي، صبح الأعشى، ٩٢/١.

(٣) ابن هشام، السيرة، ٣٧٧/٢.

(٤) صبح الأعشى، ٩١/١.

(٥) المصدر نفسه، ٩٢/١.

كان عثمان بن عفان كاتبا لأبي بكر، فيما كتب زيد بن ثابت وعبد الله بن خلف لعمر بن الخطاب ومروان بن الحكم لعثمان بن عفان، بينما كتب للإمام علي بن أبي طالب، عبد الله بن أبي رافع مولى رسول الله صلى الله عليه وسلم، وسعيد بن بخران الهمداني.

وفي (العصر الأموي) قطعت مهنة الكتابة شوطا كبيرا في رصانتها وقدراتها البلاغية والفنية وكان من نتائج ذلك إنجاز عملية (تعريب الدواوين) فبرز الكتاب كطبقة (شريحة) متميزة في اختصاصاتها وكفاءاتها تلبية لحاجات الدولة التي أمكن تصنيفها إلى خمسة أنواع من الكتاب وهم[1]:

أ-كاتب رسائل متخصص بمخاطبة الملوك والأمراء وعمال الولايات والأمصار، ولعله تقدم على غيره لسعة مسؤولياته.

ب-كاتب متخصص بحسابات الخراج.

ج- كاتب متخصص بتدوين أسماء الجند وطبقاتهم وأعطياتهم.

د- كاتب متخصص بأعمال الشرطة.

هـ- كاتب متخصص بأعمال القضاء.

والظاهر أن خطورة مسؤولية الكتابة دفعت ببعض إعلامها وهو (عبد الحميد الكاتب) أن يضع جملة من القواعد والأسس والشروط لمن يمتهن هذه الصناعة فقال في (رسالته) التي وجهها إلى (الكتاب) وهو يحدد أهميتهم في الدولة والملك وصفاتهم وثقافتهم وسلوكهم وأخلاقهم:((أما بعد، حفظكم الله يا أهل صناعة الكتابة.. فإن الله

---

(١) الجهشياري، الوزراء والكتاب، ص١٢-١٤، حسن، حسن إبراهيم، تاريخ الإسلام السياسي، ٤٥٢/١. الباشا، حسن، الفنون والوظائف على الآثار العربية، القاهرة ١٣٨٥هـ/ ١٩٦٥م، ٩٠٩/٢.

عز وجل.. جعلكم معشر أمورها... موقعكم من الملوك موقع أسماعهم التي بها يسمعون، وأبصارهم التي بها يبصرون، وألسنتهم التي بها ينطقون، وأيديهم التي بها يبطشون... فإن الكاتب يحتاج في نفسه ويحتاج منه صاحبه الذي يثق به في مهمات أموره أن يكون حليما في موضع الحلم، فهيما في موضع الحكم، مقداما في موضع الإقدام، محجما في موضع الأحجام، مؤثرا للعفاف والعدل والإنصاف، كتوما للأسرار، وفيا عند الشدائد، عالما بما يأتي من النوازل، يضع الأمور مواضعها، والطوارق في أماكنها، قد نظر في كل فن من فنون العلم فاحكمه، وإن لم يحكمه أخذ منه بمقدار ما يكتفي به.. فتنافسوا يا معشر الكتاب في صنوف الآداب وتفقهوا في الدين وابدأوا بعلم كتاب الـلـه عز وجل، والفرائض، ثم العربية فإنها ثقاف ألسنتكم، ثم أجيدوا الخط فإنه حلبة كتبكم وارووا الأشعار واعرفوا غريبها ومعانيها، وأيام العرب والعجم وأحاديثها وسيرها، فإن ذلك معين لكم على ما تسموا إليه هممكم، ولا تضيعوا النظر في الحساب فإنه قوام كتاب الخراج، وارغبوا بأنفسكم عن المطامع سنيها ودنيها وسفساف الأمور ومحافزها فإنها مذلة للرقاب مفسدة للكتاب... وإذ ولي الرجل منكم أو صير إليه من أمر خلق الـلـه... فليكن على الضعيف رفيقا، وللمظلوم منصفا...))[١].

وبناء على ذلك فقد اقتضى الأمر من صاحب الدولة أن يختار كتابه ممن يأمنه من أهله وقبيلته يقول ابن خلدون: ((اعلم أن صاحب هذه الخطة لابد من أن يتحيز أرفع طبقات الناس وأهل المروءة والحشمة منهم وزيادة العلم وعارضة البلاغة))[٢].

---

(١) ابن خلدون، المقدمة، ص٢٧٤.

(٢) المصدر نفسه، ص٢٧٣.

وفي (العصر العباسي) ازدادت أهمية الكاتب وتنوعت مسؤولياته باستقرار مؤسسة الوزارة وتعدد الدواوين حتى تلقب بلقب وزير. وإذا كانت مسؤوليات الكتابة وفنونها تقتضي أن يكون صاحبها من أهل المعرفة والثقافة والأدب. فإن العصر العباسي مثل قمة التطور في ازدهار فن الكتابة وضبط أصولها وتعدد كتابها الذين أصبح لهم حظ وافر من السلطة والجاه لدى الخلفاء العباسيين نظرا لخبرتهم ودرايتهم في الأمور السلطانية ذلك أن ظهور منصب الوزارة يبتغي وجود فئة من الكتاب المهرة لمساعدة الوزير، فيما احتل كتاب الرسائل المكانة الأولى بين الكتاب لأهمية عملهم في تحرير الرسائل السياسية حتى لقبوا (بتراجمة الملوك)[1].

لقد زخر العصر العباسي الأول بعدد من الكتاب المبدعين بسبب ثقافتهم الواسعة وكانت قدراتهم في البلاغة والغزارة العلمية وسعة الاطلاع طريقهم لنيل الوزارة، اشتهر منهم الفضل بن الربيع، والفضل والحسن أبناء مدهل، وغيرهم. فقد روي عن بلاغة إسماعيل بن صبيح كاتب الرشيد بأنه:((لم ير اطيش من قلمه ولا أثبت من حلمه))[2].

وقد حرص الوزراء على اتخاذ مثل هؤلاء الكتاب من أهل الخبرة والدراية والشرف فيما روي عن أحد الوزراء أنه أوصى أولاده بقوله:((لابد لكم من كتاب وعمال وأعوان فاستعينوا بالأشراف وإياكم وسفلة الناس، فإن النعمة على الأشراف أبقى، وهي بهم أحسن، والمعروف عندهم أشهر، والشكر منهم أكثر))[3].

---

(١) الجهشياري، الوزراء والكتاب، ص٢٣.
(٢) الصولي، أبو بكر، محمد بن يحيى الشطرنجي البغدادي (ت ٣٣٥هـ/ ٩٤٧م)، أدب الكتاب، تحقيق محمد بهجت الأثري، القاهرة ١٣٤١هـ/ ١٩٢٢م. ٧٣/١.
(٣) الجهشياري، الوزراء والكتاب، ص١٧٩.

لذلك كان كتاب الدولة مثلا يحتذيه الناس في (الزي) و(الوقار) وبلغت عظمتهم ومكانتهم في المجتمع إلى حد أن الناس أخذوا يقلدونهم ويتشبهون بهم وليس أدل على ذلك قول رجل لبنيه: ((يا بني تزينوا بزي الكتاب فإن فيهم أدب الملوك وتواضع السوقة))[١].

وتقديرا لأعمال الكتاب ومكانتهم في الدولة جعل (الخليفة المهدي) يوم (الخميس) عطلة رسمية لهم واستمر الحال كذلك حتى (خلافة المعتصم) الذي أزال هذا الرسم.

من جانب آخر كان الخلفاء والوزراء يحرصون على توجيه كتبة رسائلهم من حيث الأسلوب، والشكل، وطريقة الكتابة، فقد روي عن أبي جعفر المنصور أنه نصح كاتبه بأن يقارب بين الحروف ويفرج بين السطور[٢].

وقد ترتب على علو مكانة الكتاب في العصر العباسي أن ظهر نوع من التنافس بين الوزراء والكتاب حتى تحول إلى عداء وكان هذا التنافس سببا في تنكيل بعض الخلفاء بوزرائهم والعكس صحيح، فقد ذكر أن سبب قتل أبي جعفر المنصور لكاتبه (ابن المقفع)[٣] كان بسبب دسائس الوزير (أبي أيوب المورياني) وإن قتل هذا الأخير كان يعود لسعاية الكاتب (إبان بن صدقة)[٤].

---

(١) ابن قتيبة، عيون الأخبار، ٤٦/١.

(٢) الجهشياري، الوزراء والكتاب، ص١٣٢.

(٣) المصدر نفسه، ص١٠٩.

(٤) ابن الأثير، الكامل ٣٦/٥.

من جهة أخرى فقد خصصت الدولة رواتب شهرية للكتاب قدره في زمن الخليفة أبا جعفر المنصور بـ (٣٠٠) درهم[١] وبقيت كذلك حتى خلافة المأمون الذي رفعها إلى (٣٠٠٠) درهم[٢]. ومع ذلك فلم يمنع هذا الأمر بعض الكتاب ومنهم كتاب الخراج من الحصول على الأموال بطرق غير مشروعة بأسلوب الرشوة أو السرقة، فيما روي أن (أحمد بن خالد الأحول) كاتب المأمون كان قد توسط[٣] لدى الخليفة بتولية (طاهر بن الحسين) خراسان لقاء (ثلاثة آلاف درهم). وهذا ما يفسر حبس (الخليفة الواثق) لكتابه سنة (٢٢٩هـ/ ٨٤٣م) وألزمهم بدفع أموال كبيرة بعد أن تبين له أنهم جمعوا أموالا طائلة بطرق غير مشروعة[٤].

ولعل هذه المساوئ التي عرفت طريقها إلى الكتاب في فترات الضعف السياسي والإداري انعكست من جانب آخر على مؤهلاتهم التي افتقرت إلى القدرة والكفاءة مما أفسد صنعة الكتابة وأخل بشروطها، الأمر الذي دفع ببعض الأدباء كالجاحظ إلى الحط من قدر الكتاب في عصره فوصفهم بالجهالة والسفاهة والغرور[٥]. كما أنكر (ابن قتيبة) ما كان عليه الكتاب في زمانه. من استطابة الدعة

---

(١) الجهشياري، الوزراء والكتاب، ص١٢٦.

(٢) التنوخي، المحسن بن علي البصري (ت٣٨٤هـ/ ٩٩٤م)، الفرج بعد الشدة، ط القاهرة ١٣٧٥هـ/ ١٩٥٥م، ٢٠٤/٢.

(٣) اليعقوبي، أحمد بن جعفر (ت٢٨٤هـ/ ٨٩٧م)، التاريخ، ط النجف الأشرف/ العراق ١٣٥٨هـ/ ١٩٣٩م، ١٨٣/٣.

(٤) ابن الأثير، الكامل، ٢٦٩/٥، الكروي، ص٥٩.

(٥) الجاحظ، ذم أخلاق الكتاب (ضمن رسائل الجاحظ) تحقيق د. عبد السلام هارون، القاهرة ١٣٨٤هـ/ ١٩٦٤م، ١٩٧/٢.

وإعفاء النفوس، من كد النظر والقلوب من نقب الفكر فعمد إلى تأليف مصنفه ((أدب الكاتب)) فيما يحتاج إليه هؤلاء في المعرفة والإرشاد[١]. ثم جاءت فترة الركود للعمل الكتابي في عهد (الخليفة الراضي) حينما استحوذ (محمد بن رائق) على سلطات الخلافة، وأبطل الوزارة، والدواوين، وأعمل الكتاب.

وفي أطراف الدولة العربية اكتسبت وظيفة الكتابة مكانتها التي عهدت في حاضرة الخلافة العباسية (بغداد).

ففي زمن الفاطميين كان الكتاب يحسبون من علية القوم، وكان منصب الكتابة يؤهل صاحبه إلى الوزارة أو إلى المناصب الهامة الأخرى[٢].

ولدى (المماليك) في مصر كانت الكتابة عندهم لصاحب الإنشاء، إلا أنها تقع تحت طائلة أحد أمرائهم المعروف بالدويدار[٣].

كما شهد هذا العصر ظهور بعض الموسوعات المتعلقة بالكتابة والكتاب مثل (قوانين الدواوين) لابن مماتي، و (صبح الأعشى) للقلقشندي وغيرها من المؤلفات التي اهتمت بأنماط الكتابة وأنواعها وخصائص الكتاب وأعمالهم.

فيما كانت (الأندلس) قد اهتمت بمنصب الكتابة تماما كما كان شأن الأمر في المشرق العربي الإسلامي، ومن مظاهر اهتمامهم بهذه الوظيفة أنها أسندت في بعض الأحيان إلى الحاجب الذي مثل بمسؤولياته أبرز المناصب الإدارية[٤].

---

(١) أدب الكاتب، ص١٦/٨.

(٢) الباشا، حسن، الفنون والوظائف، ٢/٩١٠.

(٣) ابن خلدون، المقدمة، ص٢٧٣.

(٤) المصدر نفسه، ص٢٦٥-٢٦٦.

٥-القضــــــاء:

القضاء: هو الحكم في موضوع أو قضية، والجمع الأقضية، والقضايا: الأحكام، قال السبكي: (القضاء جمع أقضيه وهو الإلزام وفصل الخصومات).

ويعرفه ابن خلدون بقوله: (القضاء منصب الفصل بين الناس في الخصومات حسما للتداعي وقطعا للتنازع).

وقد كان الرسول صلى اللـه عليه و سلم يتولى القضاء،وفي ذلك قَالَ تَعَالَىٰ: ﴿ فَلَا وَرَبِّكَ لَا يُؤْمِنُونَ حَتَّىٰ يُحَكِّمُوكَ فِيمَا شَجَرَ بَيْنَهُمْ ثُمَّ لَا يَجِدُوا فِي أَنفُسِهِمْ حَرَجًا مِّمَّا قَضَيْتَ وَيُسَلِّمُوا تَسْلِيمًا ﴾[1].

وفي فترة (صدر الإسلام) كان كبار الصحابة يتولون مسؤولية القضاء (علي بن أبي طالب -معاذ بن جبل- عمر بن الخطاب -أبو موسى الأشعري.. وغيرهم) ويذكر أن الرسول صلى اللـه عليه و سلم اختبر معاذ بن جبل حين بعثه قاضيا لليمن فسأله: بما تقضي إن عرض قضاء؟ أجاب: أقضي بما في كتاب اللـه، فرد الرسول: فإن لم يكن في كتاب اللـه؟ فأجاب: أقضي بما قضى به الرسول، فرد الرسول: فإن لم يكن فيما قضى به الرسول ، فأجاب: اجتهد رأي ولا آلو، قال معاذ: فضرب الرسول صلى اللـه عليه و سلم صدره وقال: (الحمد لله الذي وفق رسول اللـه لما يرضى رسول اللـه).

وفي (خلافة أبي بكر الصديق) أسندت مهمة القضاء إلى (عمر بن الخطاب) رغم أنه لم يتخذ لقب قاض.

---

(١) سورة النساء٤: آية ٦٥.

وفي (خلافة عمر بن الخطاب) اتسعت الدولة العربية فتم تعيين قضاة في كل الولايات وقد طلب منهم الخليفة عمر العمل بكتاب الله وسنة نبيه (صلى الله عليه و سلم)، وقد اجتهد عمر وضع (دستور للقضاء)، (التشريع العمري) انصب مفهومه في رسائله وتوجهاته ونصائحه للقضاة، وفي إحدى رسائله إلى قاضيه أبي موسى الأشعري نختصر قوله، له: (إن القضاء فريضة محكمة وسنة متبعة... آس بين الناس في مجلس ووجهك حتى لا يطمع شريف في حيفك، ولا ييأس ضعيف من عدلك، البينة على من ادعى، واليمين على من أنكر، والصلح جائز بين الناس إلا صلحا أحل حراما أو حرم حلالا...).

وفي (العصر الأموي) كان القضاء بسيطا كما في السابق وكان القضاة مستقلين في آرائهم وأحكامهم عن الخليفة أو الوالي.. أما تعيين القضاة فكان من مسؤولية الخليفة أو بتفويض منه، وانقسم القضاء في العصر الأموي إلى (قضاء شرعي) و(قضاء مدني) كما عمل الأمويون دواوين للمظالم وتولى بعض خلفائهم النظر فيها بنفسه، كما فعل (عبد الملك بن مروان وعمر بن عبد العزيز). وكانت هناك شروط يتطلب توافرها فيمن يتولى القضاء وهي:

أ-أن يكون رجلا (ذكرا).

ب-أن يكون بالغا (ناضجا).

ج-أن يكون عاقلا فطنا مميزا بعيدا عن السهو والغفلة.

د-أن يكون حرا غير فاقد لحريته.

هـ-أن يكون مسلما.

و-أن يكون سليم الحواس (السمع والبصر والنطق).

ز-أن يكون عادلا عفيفا عن المحارم والريب والفسق مأمونا في الرضى والغضب.

ح-أن يكون عالما بأحكام الشريعة (القرآن والسنة).

وقد أضيفت شروط أخرى إلزامية (كالشرف والأناة والتفقه...).

وفي (العصر العباسي) تعقد القضاء لتعقد الحياة الاجتماعية لما طرأ عليها من أساليب جديدة إضافة إلى ظهور المذاهب الأربعة التي ترتب عليها ضعف روح الاجتهاد في الأحكام بحكم التزام القضاء في أحكامهم بأحد هذه المذاهب.

كذلك أضيفت شروط (نفسية وذاتية) إلى القضاء منها:-

ألا يقضي القاضي وهو حزنان، ولا هو فرحان، ولا هو نعسان، ولا هو شبعان، ولا هو في جو بارد قارس، ولا في جو حار قائض.

٦-الجيـــــش:

شهدت بعض الدول العربية التي قامت قبل الإسلام تقدما في مجال الجندية والأسلحة كما حدث في (شبه الجزيرة العربية والعراق والشام) ولكن ذلك لم يشمل الوطن العربي ولا كل الفترات التاريخية، إلا أن أفراد القبيلة كانوا مدعوين للقتال إذا نشب، فرسانا أو مشاة، حاملين أسلحتهم (سيوف، رماح، أقواس)، وإذا انتهى القتال رجعوا إلى حياتهم العادية.

وشرع الإسلام الجهاد للدفاع عن النفس عند التصدي ثم الدفاع عن الدعوة الإسلامية ونشرها، قَالَ تَعَالَىٰ: ﴿أُذِنَ لِلَّذِينَ يُقَٰتَلُونَ بِأَنَّهُمْ ظُلِمُواْ وَإِنَّ ٱللَّهَ عَلَىٰ نَصْرِهِمْ لَقَدِيرٌ﴾ (١)

(١) سورة الحج٢٢: آية ٣٩.

وقال تعالى: ﴿ انفِرُوا خِفَافًا وَثِقَالًا وَجَاهِدُوا بِأَمْوَالِكُمْ وَأَنفُسِكُمْ فِي سَبِيلِ اللَّهِ ﴾[1]

وقال تعالى: ﴿ وَقَاتِلُوا فِي سَبِيلِ اللَّهِ الَّذِينَ يُقَاتِلُونَكُمْ وَلَا تَعْتَدُوا إِنَّ اللَّهَ لَا يُحِبُّ الْمُعْتَدِينَ ﴾[2]

كان ميلاد الدولة الجديدة يتطلب قوة عسكرية تحميها وتنشر بوساطتها دين الحق وتحرر بها الأراضي العربية المحتلة، ولذلك فقد كان الجهاد فرضا على كل مسلم، وبذلك يعتبر المسلمون جميعا جندا في جيش الدولة خاصة وأن الشريعة بينت لهم أن من يقتل منهم مأواه الجنة، وبذلك ارتفعت الروح المعنوية لدى المقاتلين.

قاد الرسول صلى الله عليه و سلم جنود المسلمين في المعارك الأولى، إلا أنه لم تكن لهم ميزانية خاصة للإنفاق على الجند بل كان الجندي العربي يجهز نفسه من عنده، وعندما بدأت حركة التحرير والفتح أثناء فترة خلفاء الرسول صلى الله عليه و سلم، احتاجت الدولة إلى قوات كبيرة تكون دائما على استعداد للجهاد، ولذلك قام الخليفة عمر بن الخطاب بإنشاء (ديوان الجند) حيث سجلت أسماء جميع المقاتلين وصرف العطاء (الراتب) لهم من خراج البلاد المحررة، وذلك ليتفرغوا للجندية كمهنة لهم، وقد عرف الجنود قتال التعبئة حيث كانوا ينتقلون إلى ميادين المعارك ولهم خطط حربية، كما كانوا ينقسمون إلى خمسة أقسام (تشكيلات):-

أ- القلب: حيث يكون القائد، ومكانه في الوسط.

ب- الجناحان: الميمنة والميسرة، وفي كل منهما أحد القادة المساعدين.

---

(١) سورة التوبة٩: آية ٤١.

(٢) سورة البقرة٢: آية ١٩٠.

جـ- المقدمة (الاستطلاع).

د- المؤخرة (الساقة).

وفي (العصر الأموي) تطور نظام الجيش العربي إذ عرف لأول مرة نظام (التجنيد الإجباري) في العراق[1] إذ طبقه الحجاج بن يوسف الثقفي أيام الخليفة عبد الملك بن مروان، وكان على كل قبيلة أو مدينة تزويد جيش الدولة بعدد من الجند تدون أسماؤهم في ديوان الجند وتصرف لهم مرتبات.

وكان للخليفة جيشه الخاص للقضاء على الفتن، أما في الولايات فقد كان الولاة هم المسؤولين عن أمور الحرب والقتال بالتعاون مع الخليفة[2].

أ- أسلحة الجيش:

استعمل العرب أنواعا عديدة من الأسلحة تمثلت في: (السيوف والرماح والأقواس والسهام والدروع والتروس والأعمدة والخناجر والنصول والفؤوس والمنجنيق وهو آلة لقذف الحجارة واللهب).

وعرفوا الخوذة واقتبسوا من البيزنطيين (النار اليونانية) وشيدوا القلاع والحصون وحفروا الخنادق واستخدموا الدواب من الخيل والجمال والفيلة والبغال في حروبهم كأدوات ووسائل للحرب والنقل، وعرف المغرب البارود واستخدموه في حروبهم خلال القرن السابع الميلادي (أي قبل أن يعرفه الأوربيون) كما عرف العرب الدبابات وصنعوا المطاحل (المدافع) وهي عبارة عن أنابيب تنطلق منها المقذوفات بفعل ضغط البارود المشتعل[3].

---

(١) عرف التجنيد الإجباري (الخدمة الإلزامية) لأول مرة في التاريخ زمن حمورابي في الحضارة البابلية في العراق القديم.

(٢) الدوري، النظم الإسلامية، ٢٠٩/١.

(٣) المرجع نفسه.

ب- الأسطول البحري:

نتيجة الاحتلال البيزنطي لبعض المناطق العربية فقد عرف أهل تلك المناطق السفن والأسطول البيزنطي وطرق العمل بهما، لذلك فقد كان للبحرية البيزنطية تأثير في صناعة الأسطول العربي في البداية. وسرعان ما تطورت نظم الأسطول العربي وفاقت تطور الأساطيل البحرية الأخرى وقد ظهر ذلك واضحا من خلال عمليات الفتح العربية. وفي خلافة (عمر بن الخطاب) تطلع العرب إلى مجاراة أعدائهم في النشاط الحربي البحري، فقد استسمح معاوية الخليفة عمر في أن يأذن له بمحاربة البيزنطيين وفتح بلادهم بحرا، إلا أن الخليفة نصحه بالتريث في ذلك.

وفي خلافة عثمان بن عفان رضي الله عنه أنشئ الأسطول العربي، وكان ذلك الأسطول النواة الأولى للقوة البحرية العربية وقد ساهمت فيها ولايات الدولة العربية (الشام، بلاد النيل، بلاد المغرب العربي...)[١].

وقد أعاد معاوية بن أبي سفيان طلبه للخليفة عثمان الذي سمح له به، ونتيجة لذلك قام الأسطول العربي بخمسين غزوة بين (شاتية وصافئة) وحقق من خلالها انتصارات أظهرت قوة الأسطول العربي، كما جرت معركة بحرية كبيرة في هذه الفترة بين الأسطول العربي والبيزنطي وهي معركة (ذات الصواري) التي اشتبكت فيها حوالي ألف سفينة للبيزنطيين ضد مائتي سفينة عربية كما تم للأسطول العربي فتح جزر (قبرص ورودس وصقلية وغيرها..).

وقد زاد العرب من اهتمامهم بأساطيلهم البحرية وخاصة في ولاية بلاد النيل وفي ولاية الشام التي بلغ عدد سفن أسطولها ألف وسبعمائة سفينة.

---

(١) معروف، المرجع السابق، ص٤٨-٥٣.

وفي منطقة شمال أفريقيا (تونس) التي أنشئت فيها دار لصناعة السفن، وبذلك أصبحت السيادة البحرية للأسطول العربي.

ثانيا: النظم الاجتماعية

١-عناصر (شرائح) المجتمع العربي الإسلامي:

شملت التركيبة الاجتماعية العديد من العناصر (الشرائح) التي كان أهمها:-

-العنصر الأول (الشريحة الأولى):

ويشمل الخليفة، وآل بيته، وكبار رجال الدولة، والبيت الهاشمي، كما كان يتبع كل هؤلاء معظم أتباعهم من حراس، وأصدقاء، وأقارب وموالي، ونساء...

-العنصر الثاني (الشريحة الثانية):

ويضم العلماء، والأدباء، والشعراء، ورجال الاقتصاد (تجار، صناع) والأثرياء.

-العنصر الثالث (الشريحة الثالثة):

ويشمل معظم الشعب والسكان الذين امتهنوا حرفا شعبية (الرعي-الفلاحة-العمالة- الصناعات الحرفية، وغيرها..).

-العنصر الرابع (الشريحة الرابعة):-

يضم الخدم، والجواري، وكان معظم هؤلاء من الرقيق وأسرى الحروب.

-العنصر الخامس (الشريحة الخامسة):-

أهل الذمة وهم (المسيحيون واليهود) وهم المعاهدون[1]، الذين بقوا على دينهم (النصرانية واليهودية) في مقابل أداء الجزية للدولة، وقد عاش معظم هؤلاء في القرى

---

(١)معروف، المرجع السابق، ص٧٦ وما بعدها.

محاولين التقوقع للمحافظة على دينهم ولغتهم، إلا أن الإسلام واللغة العربية قد انتشرا بين صفوفهم فآمن بعضهم وانتقل إلى المدن الكبرى وخاصة في القرن الثالث الهجري/ ٩م، ومن بقي على دينه منهم فقد عاش في طمأنينة وأمان على حقوقه وأملاكه وديانته، وأكثر من ذلك فقد تمكن البعض منهم من الوصول إلى مناصب رفيعة في وظائف الدولة وكانت أوضاعهم الاقتصادية حسنة للغاية، وكان اليهود أقل عددا، وأحسن حالا من النصارى لاشتغالهم بالتجارة وأعمال الصيرفة[١].

* طوائف أخرى:

إضافة إلى (اليهود والنصارى) كانت في الدولة العربية الإسلامية طوائف أخرى مثل (الصابئة- المجوس-البوذيون) فالصابئة طائفة كان معظمها يقيم بالعراق، والمجوس هم أتباع الدين الزرادشتي وقد كثر تواجدهم في بلاد فارس والهند، أما البوذيون الذين كانوا في السند والهند فهم أتباع (بوذا)، وقد عاملت الدولة العربية جميع هذه الطوائف معاملة حسنة وتركتهم أحرارا في ممارسة شعائرهم واعتقاداتهم الدينية في مقابل دفعهم الجزية السنوية.

٢-الأسرة العربية:

أدت التعاليم الدينية الجديدة إلى المساواة بين جميع عناصر المجتمع الجديد ومزجها في بوتقة العروبة والإسلام، وحدث الاختلاط والتزاوج بين معظم الأجناس التي ضمتها الدولة الجديدة رغم أن (خلفاء بني أمية) كانوا يحرصون على المحافظة ونقاء الجنس العربي حتى أن جميع خلفائهم قبل يزيد الثالث

---

(١) يجب أن يقارن معاملة اليهود (الصهيونية) اليوم (تفرقة عنصرية) بمعاملة العرب لهم في السابق.

(الخليفة الثالث عشر) كانوا أبناء عربيات، وعلى العكس من ذلك كان غالبية خلفاء بني العابس أبناء أمهات غير عربيات فيما عدا ثلاثة فقط هم (أبو العباس السفاح والمهدي والأمين).

وقد تأثر الكثير من الناس في العصر العباسي بمواقف الخلفاء فقلدوهم وكثر التزاوج بين العديد من الأجناس واشتهرت وبرزت عناصر جديدة لعبت دورا هاما في تاريخ المسلمين مثل (الفرس والترك) وأدت المرأة دورا كبيرا في الحياة الاجتماعية وساهمت في العديد من مظاهر الحضارة (الثقافية والسياسية والاقتصادية) ومن أشهرهن (زبيدة زوج هارون الرشيد، وعلية، والعباسة، ابنتا الخليفة المهدي، والخيزران زوج المهدي).

وفي (صدر الإسلام) اتجهت اهتمامات المرأة[1] إلى سداد الرأي ومزاولة الأدب والشعر فاشتهرت منهن الكثيرات مثل (السيدة عائشة أم المؤمنين رضي الله عنها) التي كان لها عقل راجح وفكر ثاقب وقد ترأست جماعة كبيرة من الصحابة وروت الكثير من الأحاديث عن (الرسول صلى الله عليه وسلم) وأدت دورا هاما في تاريخ العرب والإسلام السياسي، وقال عنها الرسول صلى الله عليه و سلم: (خذوا نصف دينكم عن هذه الحميراء).

ومنهن (سكينة بنت الحسين بن علي بن أبي طالب) وكانت عفيفة مبرزة تجالس الأجلة من قريش والأدباء والشعراء وتنتقدهم، و(أسماء بنت أبي بكر الصديق

---

(١) المرجع السابق، ص٨٨ وما بعدها.

المعروفة بذات النطاقين) والتي اشتهرت بقولها لابنها (عبد الـلـه بن الزبير): ((إن الشاة لا يضرها سلخها بعد ذبحها)).

ومنهن الخنساء وليلى الأخيلية وخولة بنت الأزور.. وغيرهن.

أما الجواري فكان منهن الشاعرات والمغنيات اللاتي يحيين مجالس السمر والطرب وأشهرهن (محبوبة جارية جعفر المتوكل) و(حبابة) التي أغرم بها (يزيد بن عبد الملك) كما أغرم بمغنية تدعى (سلامة القس)[1].

٣-الأعيـــــــاد:

احتفل المسلمون بالعديد من الأعياد، أهمها:

أ-عيد الفطر، بعد إتمام شهر الصيام (رمضان المبارك).

ب-عيد الأضحى، بعد موسم الحج.

ج-عيد مولد الرسول صلى الـلـه عليه وسلم، حيث احتفل العباسيون به في (اربل) وكذلك الفاطميون، وأصبح الاحتفال بعيد المولد النبوي مظهرا دينيا يعم العالم الإسلامي بأكمله.

د-يوم عاشوراء. وهو يوم يحتفل به المسلمون والنصارى واليهود، على حد سواء، وكل منهم له فيه مناسبة.

ه-عيد النوروز. احتفل به أيام الدولة العباسية وهو من أعياد الفرس وتوقيته (أول يوم في فصل الربيع) وهو ٢١ آذار من كل سنة.

---

(١) الأصفهاني، أبو الفرج، عباس بن الحسين القرشي الأموي (ت٣٥٦هـ/ ٩٦٦م)، كتاب الأغـاني، ط القـاهرة ١٣٩٠هـ/ ١٩٧٠م)، ١٥٨/٦ وما بعدها.

و-الاحتفال بالانتصارات (معركة بدر، أحد، فتح مكة، الخندق...).

ز-وفي يوم العيد ((الفطر، والأضحى))، يذهب المسلمون إلى أداء صلاة العيد، ويهللون ويكبرون، كما أنهم يقومون بعملية ذبح (الأضحية)[1] في أيام عيد الأضحى من كل سنة.

وفي أيام الأعياد يلتقي الناس، المسلمون، ويهنئ بعضهم بعضا، بمناسبة العيد، ويتزاورون ويتصافحون ويتسامحون، كما أنهم يلبسون ملابس جديدة أو نظيفة ابتهاجا بمناسبة العيد.

وفي (العصر العباسي) كان الكثير من المسلمين يسيرون في بغداد في موكب الخليفة حاملين الأعلام ومعهم أمراء البيت العباسي إضافة إلى الخليفة الذي كان يرتدي القباء الأسود وعليه قلنسوة طويلة مزينة، ويتشح بعباءة سوداء وحوله كبار رجال الدولة.

ثالثا: النظم الاقتصادية

١-الزراعة:

اتسعت الدولة العربية الإسلامية بعد أن شملت أقاليم زراعية خصبة مثل مناطق (وادي الرافدين، والشام، ووادي النيل، وغيرها) وقد شهدت معظم هذه الأقاليم إهمالا تاما في المجال الزراعي بسبب الصراع المستمر بين الروم والفرس وبين أتباع كل منهما، وبعد أن أصبحت هذه الأقاليم جزءا من الدولة العربية الجديدة، ساد في ربوعها الأمن والسلم، فأخذ الناس يهتمون بالأرض والزراعة،

---

(١) في المغرب العربي على العموم يسمى (خروف العيد) وفي أقطار عربية أخرى.

وذكر أن (الخليفة عمر بن الخطاب) كانت له بعض الأراضي الصغيرة يقوم بزراعتها وتنظيمها بنفسه مع أسرته، كما ذكر أن العباسيين الأوائل جددوا حفر قنوات قديمة واستحدثوا أخرى بالعراق بين دجلة والفرات أطلقوا عليها اسم (النواظم) لأنها تنظم توزيع الماء على الأرض. وفي بلاد النيل شهدت الزراعة تطورا ملموسا وذكر أن (عمرو بن العاص) استخدم مائة ألف عامل من المصريين لإصلاح طرق الري بها، وفي مناطق خراسان وبلاد ما وراء النهر انتشرت النهضة الزراعية. وذكر الجغرافي (إبن حوقل) في وصف منطقة بخارى:

(أنه لم ير بلدا تحيط به المروج الخضراء والمزارع والحدائق مثل مدينة بخارى حيث لا يقع البصر إلا على خضارة تتصل خضرتها بلون السماء)(١).

وكانت المناطق الشرقية من الدول العربية الإسلامية مزدهرة زراعيا حتى أن أكثر الفاكهة والخضر التي تنمو الآن في غرب آسيا كانت معروفة لدى ساكنيه بعد الفتح العربي له، وأدى العرب دورا حضاريا في نقل بعض المزروعات والفواكه إلى الأوربيين، فمثلا (شجرة البرتقال) التي وصلت إلى العرب من الهند تم نقلها إلى أوروبا عن طريق عرب الأندلس، وأثناء فترة الحروب الصليبية (الفرنجية) وبعدها نقل الأوربيون العديد من الفواكه والخضروات إلى بلادهم من البلاد العربية التي يرجع لها الفضل في انتشار زراعة العديد من أنواع الفاكهة بأوروبا ونتيجة لاهتمام الدولة ببناء السدود وشق القنوات وإقامة الجسور والقناطر، وتشجيع المزارعين، تطور الوعي الزراعي بين المزارعين فزرعوا كل نوع من

_____

(١) معروف، المرجع السابق ص٨٨ وما بعدها.

النبات في التربة الصالحة له واعتنوا بتسميد الأرض، وتوقيت التسميد، إضافة إلى معرفتهم التلقيح والتطعيم لتحسين أنواع الفواكه، وقد استوردوا أنواعا كثيرا من الفواكه، واهتمت الدولة بنقل المحاصيل الزراعية وتبادلها بين ولاياتها، كما كانت الأراضي الزراعية في مختلف ولايات الدولة في يد أصحابها من أهالي البلاد الأصليين، إلا أنه كانت تفرض عليهم ضريبة أو خراج عن طريق الجباة. أما المزروعات العربية فهي:

أ-الحنطة: (القمح، البر) زرعت حيث توافرت الماء. (العراق ومصر).

ب-الذرة: تزرع في المناطق الجافة (جنوب شبه الجزيرة العربية وجنوب مصر والعراق..).

ج-الأرز: الرز، يزرع حيث يتوافر الماء. (العراق، ومصر).

د-الكرمة: الكروم، العنب، زرع في (العراق واليمن).

ه-التفاح: اشتهرت منطقة الشام بزراعته حتى ضرب بها المثل في جودة تفاحها.

و-الرمان: زرع في منطقة الفرات بالعراق.

ز-التمر: النخيل، انتشرت زراعته في العراق والمغرب العربي.

ح-الزيتون: زرع في سواحل البحر المتوسط كالشام وشمال إفريقيا.

ط-قصب السكر: وجد في البصرة بالعراق، وصور وصيدا بالشام، وفي مصر زرع في ق ٥هـ/ ١١م، والأندلس.

ي-الكتان: كثرت زراعته في مصر (الفيوم).

ك-القطن: زرع في منطقة (العراق ومصر).

وقد زرعت أصناف أخرى مثل (الزعفران، السمسم، البطيخ[1]، العدس، الحمضيات، البنفسج) إضافة إلى الشعير.

أما البطيخ فمن كثرته، كان له سوق يسمى (دار البطيخ)[2] والذي شمل سوق الفاكهة كافة، أي الجزء شمل الكل.

٢-الصناعـــــــة:

تطورت الحرف الصناعية تبعا لتطور الدولة واتساع رقعتها، ففي منطقة غرب آسيا انتشرت صناعة المنسوجات (الحريرية والقطنية والصوفية مثل البسط، السجاد، الطنافس، أغطية الأرائك، والوسائد..) وكانت تصنع منها أنواع غالية الثمن وجيدة الصنع، وقد اشتهرت مصر وسوريا بصناعة الأواني الخزفية وأدوات المطبخ والمصابيح، وصنع المنسوجات الحريرية المعروفة ((بالدمياطي والديبقي والتنيسي نسبة إلى المدن المصرية دمياط وديبق وتنيس))[3] واشتهرت مدينة الكوفة بالعراق بصناعة الكوفية التي تستعمل غطاء للرأس، أما مدن أصفهان وشيراز فقد اشتهرتا بصناعة الزجاج، وتميزت دمشق بصناعة الفسيفساء والفخار...

أما (صناعة ورق الكتابة) فقد انتقلت من الصين إلى سمرقند ومنها إلى بغداد خلال القرن الثاني الهجري/ الثامن الميلادي، ووصلت من بغداد إلى الشام ومصر والمغرب (مراكش) والأندلس ثم انتقلت في القرنين السادس والسابع

---

(١) ويسمى (دلاع) في ليبيا، وفي العراق يسمى حالياً (رقي).

(٢) معروف، المرجع السابق ص٨٨ وما بعدها.

(٣) ابن حوقل، أحمد أبو القاسم البغدادي (ت٣٦٧هـ/ ٩٧٧م) صورة الأرض، ط مكتبة المثنى، بغداد (د. ت) ص٣٢٨.

الهجريين/ الثاني عشر والثالث عشر الميلاديين إلى أوروبا، ويعترف الأوربيون صراحة بفضل العرب عليهم في معرفة هذه الصناعة.

ومع تقدم الدولة الحضاري عرف العرب والمسلمون صناعة الذهب والفضة وقد توافرت معادن الذهب والفضة في مصر (أسوان) والسودان والهند، كما عرفت صناعة صقل الأحجار الكريمة (اللؤلؤ، الياقوت، الزمرد، الماء..) وتم تداولها خاصة بين الأسر الغنية كالخلفاء والولاة وقادة الجيش والتجار وغيرهم، أما عامة الناس فقد عرفوا (الفيروز والجذع والعقيق اليماني...) وقد صنعت وصيغت في قوالب جميلة ورائعة اتخذت للزينة الشخصية والمنزلية. وإضافة إلى ذلك عرف العرب والمسلمون الصناعات الآتية:-

أ- صناعة السكر: اشتهرت في مناطق البصرة وخزستان والأندلس.

ب- صناعة القطن: أهم مراكزها في ميدنة مرو ونيسابور وكابل.

ج- صناعة الكتان: عرفت في مصر التي كانت تصدرها إلى الكثير من الولايات.

د- صناعة العطور: انتشرت في العراق، وكانت زيوت العطور تؤخذ من البنفسج والنرجس والزنبق وأزهار الليمون والورود والزعفران وغيرها.

ه- صناعة طحن الحبوب: طحنت الحبوب في مطاحن مائية أو هوائية، وكانت أكبر المطاحن تقوم على نهر دجلة والبردان وبغداد والموصل..، وصنعت من الخشب والحديد وتسمى عربة وبكل عربة حجران أو أكثر يطحن كل منها كمية كبيرة، أما المطاحن الهوائية فكانت تشتغل بالهواء.

و- صناعة الخشب: اشتهرت بعض المناطق بجودة أخشابها مثل خشب الساج الهندي وقد صنعت منه البيوت وأثاثها، إضافة إلى بعض أنواع الخشب في الشام الذي قامت عليه صناعة الأثاث المختلفة والسفن..

ز- صناعة الفخار والخزف: تطورت هذه الصناعة وابتكرت لها أساليب جديدة وكان من أشهر أنواع الخزف (الفسيفساء، القاشاني، السلادون...) ويصنع الفخار من الطين المحروق دون طلاء وهو هش وأكثر مسامية، كما أنه أقدم من الخزف وجدر أنه أكثر سمكا، أما الخزف فهو النوع المطلي أو المزجج وطينته أكثر نقاء وصلابة من الفخار ويطلى ويزخرف برسومات متعددة جميلة في رسمها ولونها ويدل على العصر الذي صنعت فيه.

وأشهر المدن العربية التي صنعته (بغداد، سامراء، الموصل، القاهرة، الإسكندرية، الرقة، دمشق...)[1].

٣-التجـــــارة:

عرف العرب التجارة منذ القدم واشتهروا بمعرفة طرقها ونظمها، وقد ورد ذلك في القرآن الكريم، كرحلة الشتاء والصيف، أي رحلة الشمال إلى الشام والعراق، ورحلة الصيف إلى اليمن والحبشة، وساعد على ذلك تقدم الدولة واتساع رقعتها وانتشار الأمن والسلام في ربوعها وسيطرة العدل والنظام فيها إضافة إلى تقدم الزراعة والصناعة. فكان لكل هذه العوامل دور في ازدهار الحركة التجارية[٢]، وتمكن البعض من تكوين ثروات مادية في مجالات عديدة، وعاش

---

(١) معروف، المرجع السابق ص١٢١ وما بعدها.

(٢) المرجع نفسه، ص١١٦.

الآخرون معيشة متوسطة، وكان على التجار المسلمين دفع الزكاة عن تجارتهم، لقوله تعالى: ﴿خُذْ مِنْ أَمْوَالِهِمْ صَدَقَةً تُطَهِّرُهُمْ وَتُزَكِّيهِم بِهَا﴾ [1].

كانت بعض المدن العربية من المراكز الهامة في المجال التجاري مثل (البصرة، بغداد، القاهرة، الإسكندرية، دمشق، حلب، صيدا، صور، القدس، وطرابلس) وشملت هذه الحركة التجارية معظم أراضي الدولة من الصين شرقا إلى الأندلس غربا وساهمت فيها معظم الولايات، ويذكر أن الخليفة العباسي (هارون الرشيد) فكر في إيصال وربط البحر الأبيض المتوسط بالبحر الأحمر عبر قناة يتم شقها خدمة لتقدم الطرق البحرية التجارية، وقد قامت حركة تجارية متطورة بين سائر الولايات الإسلامية نتيجة اهتمام الدولة بتنشيطها ودعم اقتصاديات الدولة.

* التجارة البحرية:

اهتم العرب بركوب البحر وساعدهم على ذلك مهاراتهم ومعرفتهم بالبوصلة ونظام النجوم، وبذلك استطاعوا أن يسيطروا على بحار عديدة وطرق تجارية بحرية كثيرة وحملت سفنهم المنسوجات والعطور والسكر والقطن والأواني إلى أقاصي آسيا وأفريقيا، وعادت محملة بإنتاج تلك المناطق من توابل وكافور وحرير وعاج وأبنوس إضافة إلى رحلاتهم التجارية مع أوروبا.

---

(١) سورة التوبة٩: آية ١٠٣.

٤-موارد الدولة:

كانت موارد الدولة العربية الإسلامية في تاريخ صدر الإسلام تتكون من:

أ-الزكاة: **التي تؤخذ من أموال المسلمين لقوله تعالى: ﴿وَأَقِيمُوا۟ ٱلصَّلَوٰةَ وَءَاتُوا۟ ٱلزَّكَوٰةَ وَأَطِيعُوا۟ ٱلرَّسُولَ لَعَلَّكُمْ تُرْحَمُونَ﴾[1].**

ويطلق البعض على الزكاة اسم (الصدقة) وتؤخذ من الأغنياء المسلمين لتوزع على فقرائهم، والثمار والزروع، والأموال والعقارات.

ب-الغنائم: **التي يتحصل عليها الفاتحون في المعارك وقد عين القرآن الكريم طريقة تقسيمها في قوله تعالى: ﴿۞ وَٱعْلَمُوٓا۟ أَنَّمَا غَنِمْتُم مِّن شَىْءٍ فَأَنَّ لِلَّهِ خُمُسَهُۥ وَلِلرَّسُولِ وَلِذِى ٱلْقُرْبَىٰ وَٱلْيَتَٰمَىٰ وَٱلْمَسَٰكِينِ وَٱبْنِ ٱلسَّبِيلِ﴾[2].**

وبذلك تقسم الغنائم إلى خمسة أقسام، أربعة منها للمجاهدين والخمس الباقي للرسول صلى الله عليه و سلم ومن معه بحسب النص القرآني.

ج-تركة المتوفى: **من المسلمين دون أن يترك وارثا له حيث يؤول ميراثه إلى بيت المال.**

د-الجزية والخراج:فالجزية:(ضريبة شخصية عن كل قادر من أهل الذمة، والمجوس، وكانت تقدر تقريبا في عهد خلفاء الرسول، وقد حكم الأمويون في ذلك بقيمة مالية تقدر من دينار إلى أربعمائة دينار سنويا).

والخراج: ضريبة تدفع لخزينة الدولة عن الأراضي التي فتحها المسلمون، ويختلف مقدار الخراج بحسب نوعية الأرض واستغلالها، وكانت الضريبة تدفع سنويا بعد الموسم السنوي المعتاد[3].

---

(١) سورة النور٢٤: آية ٥٦.

(٢) سورة الأنفال٨: آية ٤١.

(٣) وثر، آدم، الحضارة الإسلامية، في ق٤هـ ٣٦٥/٢-٣٦٨.

كما أن الجزية والخراج يدفعها الذمي فإن أسلم تسقط عنه الجزية، ويبقى خراج الأرض، وفي حين يدفع المسلم الزكاة عن أمواله وعقاراته سنويا، فمثلا إذا كان مالكا لأرض زراعية فيجب أن يدفع عنها ضريبة تعرف (باسم العشر).

وقد استغل نظام الضرائب هذا تبعا لدوافع الحكم في الدولة العربية، فإضافة إلى الجزية والزكاة والخراج والعشر المقرة شرعا.

كانت هناك ضرائب أخرى مثل:(أخماس المعادن) وتدفع عن الذهب الذي يستثمر من بلاد أفريقيا، فيؤخذ خمسه إلى خزينة بيت المال، وكذلك ما يستخرج من البحر مثل (العنبر واللؤلؤ..).

كما فرضت ضرائب الأسواق والمصانع، وهناك ضريبة المكس، وضرائب على التجارة الخارجية.

أما نفقات الدولة فكانت تشمل (مرتبات الجنود، والولاة، والموظفين، إضافة إلى الهبات، وما يصرف عن الخليفة، وبلاطه، وكذلك نفقات الحصون، والثغور، والسلاح، وإعداد الجنود، والبريد، والطرق، والجسور، وغيرها...) وكان في مركز ولاية بيت مال خاص بها إضافة إلى بيت المال الرئيسي (خزينة الدولة) الذي يوجد عادة في مقر الخليفة (عاصمته).

وتتوافر في مصادرنا على اختلاف طبيعتها أرقاما تشير إلى مدخولات الفئة الغنية مما قد يساعد على التعرف على مستوى معيشة هذه الفئات. فقد بلغت نفقات (البلاط العباسي) في عصر (الخليفة المقتدر) ألفي ألف وثمانمائة ألف (٢,٨٠٠,٠٠٠) في السنة أي ما يعادل مائتين وأربعين ألف دينار في الشهر (٢٤٠,٠٠٠) أو ثمانية آلاف

دينار في اليوم (٨,٠٠٠). ولكن دخل الخلفاء انخفض في فترة التسلط البويهي فقد حدد معز الدولة البويهي راتبا شهريا للخليفة المستكفي قدره خمسة آلاف دينار (٥,٠٠٠) أي ما يعادل ستين ألف دينار (٦٠,٠٠٠) سنويا وكذلك الحال بالنسبة لكل من (الخليفة المطيع) و(الخليفة الطائع).

أما بالنسبة للوزراء فقد بلغ دخل (الوزير الخاقاني) مائة وعشرة آلاف دينار (١١٠,٠٠٠) سنويا، ودخل (الوزير علي بن عيسى) مائتان وأربعة عشر ألف دينار (٢١٤,٠٠٠) في السنة وكان (الوزير علي بن الفرات) يملك من العين والورق والضياع والأثاث ما يقارب العشرة آلاف دينار (١٠,٠٠٠) وكانت ضياع هذا الوزير تبلغ ألفي ألف دينار (٢,٠٠٠,٠٠٠) سنويا.

وقد ابتيع للوزير المهلبي وزير معز الدولة البويهي وردا خلال ثلاثة أيام بألف دينار[1].

أما دخل الفئات الأخرى من موظفي الدولة فيتضح من الأرقام التالية التي تعود إلى الفترة المحصورة بين أواخر القرن الثالث وأوائل القرن الرابع للهجرة/ التاسع والعاشر للميلاد.

فقد بلغ راتب (صاحب الديوان) مائة وثمانين دينارا (١٨٠) سنويا وراتب (صاحب ديوان الضياع الخاصة)- ضياع الخليفة -مائتي دينار -٢٠٠- في السنة وراتب (محتسب بغداد) مائة دينار (١٠٠) وراتب (أحد القضاة) ستون

(١) ابن كثير، البداية والنهاية، ٢١٢/١.

دينارا (٦٠) وراتب (أحد الفرسان) في الجيش اثني عشر دينارا ونصف الدينار (١٢,٥) وراتب (الراجل في الجيش) ستة دنانير (٦) وراتب (الغلام الديلمي) عشرين دينارا (٢٠) و(النقيب من الديلم) أربعون دينارا (٤٠) ولعل هذا الفرق في الراتب بين الجنود من الديلم وغيرهم يعود إلى أن البويهيين كانوا قد اعتمدوا عليهم إلى درجة كبيرة ولذلك فقد تمتعوا بامتيازات كثيرة في عهدهم.

أما دخل أصحاب المهن والحرف والعامة فكان أوطأ بكثير ومن هنا كانت حياتهم أكثر صعوبة من غيرهم خاصة في أوقات الحروب والأزمات حيث يسود الغلاء ويقل القوت. وكان مبلغ عشرة دنانير (١٠) في الشهر كاف لسد الحاجات الأساسية لشخص واحد في أواخر القرن الثالث للهجرة/ التاسع للميلاد، وأن خمسة عشر دينارا (١٥) شهريا كانت كافية لتوفير عيشة جيدة لأسرة من الشريحة الوسطى في بداية القرن الرابع الهجري/ العاشر الميلادي [١].

وكانت أجور العمال، والصناع، وكذلك أجور الباعة المتجولين، قليلة وزهيدة مما يشير بوضوح إلى انخفاض مستوى معيشتهم كما تشير إلى ذلك الأرقام الآتية:

وفي القرنين الثالث والرابع للهجرة/ التاسع والعاشر للميلاد كان الطبيب يتقاضي من المريض ربع درهم (٠,٢٥) أي دانق ونصف الدانق (الدرهم يساوي ستة دوانق).

وكان العامل غير الماهر يشتغل أجيرا فيأخذ أجرة تتراوح بين نصف درهم ودرهم في اليوم.

---

(١) رحمة الله. د. مليحة، الحالة الإجتماعية في العراق في القرنين الثالث والرابع للهجرة/ ٩، ١٠م (أطروحة دكتوراه، القاهرة ١٣٨٨هـ/ ١٩٦٨م) ص٩٣.

وكان المعلم يتقاضى أجرة قدرها درهمين أو ثلاثة دراهم عن كل درس خاص يقوم به.

وقد ارتفعت أجرة الحرفيين نسبيا فبلغت أجرة الحداد مثلا خمسة دراهم (٥) في اليوم[١].

وإذا ما انتقلنا من استعراض المدخلات للفئات والشرائح الاجتماعية المختلفة إلى أسعار الحاجيات الأساسية نجد أن سعر (الحنطة) في مصر مثلا في عام ٧٨للهجرة/ ٦٩٧م، هو دينارا واحدا لكل عشرين أردبا (الأردب[٢] يساوي ٢٨ رطلا) ولكنه يبلغ في الفترة بين ٨٧-٨٨هـ/ ٧٠٥-٧٠٦م، دينارا واحدا لكل اثني عشرا أردبا (١٢) ثم بعد سنة من هذا التاريخ أصبح دينارا لكل عشرة أرادب (١٠).

أما في عصر (الخليفة هارون الرشيد) فتشير المصادر أن سعر جريب الحنطة (ما يعادل ٢٥٦ رطلا أو مائة كيلو غراما تقريبا) في الموصل ثلاثين درهما، وجريب الشعير عشرين درهما (٢٠).

أما في خلافة المأمون فقد أصبح سعر جريب الحنطة في بغداد خمسة وثلاثين درهما (٣٥) وسعر جريب الشعير ما يقارب الأربعة والعشرين درهما (٢٤).

ولا شك أن ارتفاع أسعار مثل هذه المواد الغذائية الأساسية يقع عبئه بالدرجة الأولى على كاهل الشرائح العامة والفقيرة وأصحاب الدخول المحدودة من عمال وحرفيين وما شابههم.

---

(١) التنوخي، نشوار المحاضرة، ١٣٤/١، مسكويه، تجارب الأمم، ١٩٨/٢، العزاوي، د. عبد الرحمن حسين، التاريخ والمؤرخون، منشورات وزارة الثقافة والإعلام، م.ط دار الشؤون الثقافية العامة، بغداد ١٤١٤هـ/ ١٩٩٣م، ص٥٨-٧٠.

(٢) أردب: هو الوحدة الأساسية في المكاييل الجافة التي تستخدم للحبوب والمنتجات الأخرى.

-النقود العربية (النميات):

تعامل العرب قبل الإسلام بـ (الدينار البيزنطي) و(الدرهم الفارسي) وزنا لا عدا، واستمر التعامل بهما حتى فترة خلافة أبي بكر الصديق رضي الـلـه عنه، وقد اختلف المؤرخون في معرفة أول من ضرب النقود العربية، وذكر أن الخليفة عمر بن الخطاب رضي الـلـه عنه، ضرب الدراهم على طراز الدراهم الفارسية إلا أنه زاد في بعضها عبارة (الحمد لله) وفي بعضها عبارة (محمد رسول الـلـه) وفي بعضها الآخر أضاف عبارة (لا إله إلا الـلـه).

كما ضرب كل من الخليفة عثمان بن عفان رضي الـلـه عنه، ومعاوية بن أبي سفيان الدراهم، وكذلك فعل عبد الـلـه بن الزبير في مكة، أو أخوه مصعب بن الزبير في البصرة بالعراق.

ولما استقرت الأمور لعبد الملك بن مروان الذي أحكم سيطرته كاملة على الوطن العربي والإسلامي، عمل على تنظيم الدولة العربية الإسلامية فأمر بتعريب الدواوين بالعراق والشام ومصر، كما أمر بضرب النقود على الطراز العربي البحت بدلا من العملة الأجنبية، وبنى دارا لضرب النقود العربية في دمشق، وأمر بسحب العملة المستعملة في أنحاء الدولة العربية وضربت بدلها عملة عربية جديدة صنعت من الذهب أو الفضة ونقشت عليها بعض الآيات القرآنية، وبذلك تخلصت النقود العربية ولأول مرة من التأثيرات والعلامات الأجنبية.

واحتلت الكتابة العربية وجهي الدينار العربي من آيات قرآنية إلى تاريخ الضرب الزمني الخاص بكل منها. وقد تطور ضرب العملات العربية فيما بعد

وتعددت دور الضرب في الوطن العربي فكان أهمها (دمشق، والبصرة، وواسط، وبغداد، وطرابلس، والقيروان).

وعرف العرب ثلاثة أنواع من العملة هي: (الدينار الذهبي، والدرهم الفضي، والفلس النحاسي)، إضافة إلى العملة الورقية.

الفصل الثامن

المظاهر الفكرية

الفصل الثامن
المظاهر الفكرية

أولا: العلوم الدينية:

١-القرآن الكريم (التفسير والقراءات):

بالرغم من أن القرآن الكريم نزل بلغة العرب (اللغة العربية) إلا أنه لم يكن في متناول جميع العرب لفهم آياته ومعانيها وأسباب نزولها، والناسخ والمنسوخ، والتفسير، وبعد وفاة الرسول صلى الله عليه وسلم، واتساع الدولة، ودخول الكثير من الأعاجم في الإسلام جاءت الحاجة الماسة إلى شرح النصوص القرآنية وفهم ما ترمي إليه.

فعلم التفسير في عرف العلماء بيان معاني القرآن. وموضوعه نظم القرآن، والغرض منه الاطلاع بقدر الطاقة على ما أراد الله تعالى بكلامه[1]. وقد اشتهر في موضوع تفسير القرآن بعض الصحابة أمثال (علي بن أبي طالب، عبد الله بن مسعود، عبد الله بن العباس، وزيد بن ثابت.. رضي الله عنهم جميعا، وغيرهم) وبعد عصر الصحابة اجتهد بعض العلماء من العرب والمسلمين في تأليف تفسير القرآن الكريم مثل تفسير أبو جعفر محمد بن جرير الطبري (ت٣١٠هـ/ ٩٢٢م) في

(١) ابن الجزري، محمد العمر (ت٨٣٣هـ/ ١٤٢٩م) غاية النهاية في طبقات القراء، مكتبة الخانجي، القاهرة ١٣٥٢هـ/ ١٩٣٣م معروف، المرجع السابق، ص١٤١ وما بعدها.

كتابه الذي يقع في ثلاثين جزءا المسمى (جامع البيان في تفسير القرآن) وتفسير ابن كثير في كتابه المسمى (تفسير القرآن العظيم)[1].

أما القراءات، فهو علم مذاهب الأئمة في قراءة آي القرآن الكريم، وهي (٧) قراءات لسبعة أئمة، وهم:

أ-أبو عامر (ت١١٨هـ/ ٧٣٦م).

ب-ابن كثير (ت١٢٠هـ/ ٧٣٧م).

ج- عاصم بن أبي النجود (ت١٢٧هـ/ ٧٤٤م).

د-أبو عمرو المازني البصري (ت١٥٤هـ/ ٧٧٠م).

هـ-حمزة بن حبيب الكوفي (ت١٥٤هـ/ ٧٧٠م).

و-نافع بن عبد الرحمن (ت١٦٩هـ/ ٧٨٥م).

ز-أبو الحسن علي الكسائي (ت١٨٩هـ/ ٨٠٤م).

وأصبحت في ما بعد (١٠) عشر قراءات، وبعدها القراءات (١٤) الأربع عشرة[2].

٢-الحديث (السنة):

أما الحديث أو السنة فيقصد به ما قاله الرسول صلى الله عليه و سلم، أو ما قام بفعله، أو رآه فأقره ولم يذكره (قول وعمل وتقرير). وقد ساعد الحديث في فهم النصوص

---

(١) العزاوي، د. عبد الرحمن حسين، الطبري السيرة والتاريخ، منشورات وزارة الثقافة والإعلام، مط دار الشئون الثقافية العامة، بغداد، ١٤١٠هـ/ ١٩٨٩م، ص٥٧ وما بعدها.

(٢) الدولابي، محمد بن أحمد، الكنى والأسماء، الهند ١٣٢٢هـ/ ١٩٠٤م، ابن هشام، السيرة النبوية، السامر، د. فيصل، وآخرون، تاريخ الحضارة العربية الإسلامية، ص٢٧٧.

القرآنية وخاصة تلك التي وردت مطلقة أو عامة مثل الصلاة التي بينها وحددها كما وضح كيفية أدائها، إضافة إلى ذلك فقد عمل الرسول صلى الله عليه و سلم على توضيح جميع المسائل الصعبة والمعقدة التي واجهت المسلمين في البداية.

وبعد وفاة الرسول صلى الله عليه و سلم أخذ الناس الحديث عن صحابته الذي لاصقوه كثيرا مثل (السيدة عائشة، وعمر بن الخطاب، وعلي بن أبي طالب، وعبد الله بن عمر بن الخطاب، وعبد الله بن العباس، وأبي هريرة، رضي الله عنهم جميعا.. وغيرهم) وكان للحديث أكبر الأثر في نشر الثقافة العربية في العالم الإسلامي، فقد أقبل المسلمون على دراسته ورحلوا في سبيل جمعه وتعلمه ولذلك كان له دور في توحيد ثقافتهم، ولم يدون الحديث في أول الأمر كما دون القرآن الكريم لأن الرسول صلى الله عليه و سلم لم يرغب أن يكون إلى جانب القرآن كتاب آخر يشغل المسلمين عنه، ولكن سرعان ما ظهرت الحاجة إلى تدوين الأحاديث وذلك لظهور بعض الأحاديث المشكوك في نسبها للرسول صلى الله عليه و سلم، ولذلك فقد أمر الخليفة عمر بن عبد العزيز رضي الله عنه، بعض من يثق بهم من كبار العلماء والتقاة بجمع الأحاديث فكتبت ودونت في دفاتر وأرسلت منها نسخ إلى سائر أنحاء الدولة العربية الإسلامية[1].

بدأ العلماء يدونون الحديث مع أوائل القرن الثاني الهجري/ الثامن الميلادي، ومن أوائل هذه الكتب كتاب الإمام (مالك بن أنس ت١٧٩هـ/ ٧٩٥م) المسمى (الموطأ) إلا أن أشهر كتب الحديث هو (مسند أحمد بن حنبل ت٢٤١هـ/ ٨٥٥م) الذي يضم ما يقارب الثلاثين ألف حديث مأخوذة عن نحو من سبعمائة صحابي.

---

(١) أمين، أحمد، ضحى الإسلام، ١٤١/٢ وما بعدها.

ثم تلاه كتاب (صحيح البخاري لأبي عبد اللـه محمد بن إسماعيل البخاري، ت٢٥٦هـ/ ٨٦٩م) وكتاب (صحيح مسلم لأبي الحسين مسلم بن الحجاج القشيري النسيابوري (ت٢٦١هـ/ ٨٧٤م)) وكتاب (سنن ابن ماجة للحافظ أبي عبد اللـه محمد بن يزيد القزويني (ت٢٧٥هـ/ ٨٨٦م)) وكتاب (سنن أبي داود لسليمان بن الأشعث الأزدي السجستاني (ت٢٧٥هـ/ ٨٨٨م)) وكتاب (جامع الترمذي لأبي عيسى محمد بن عيسى بن سودة (ت٢٧٩هـ/ ٨٩٢م)) وكتاب (سنن النسائي لأبي عبد الرحمن أحمد بن شعيب (ت٣٠٣هـ/ ٩١٤م)) وغيرها...

وقد أطلق عليها (الكتب الستة) أو (الصحاح الستة) في حين أن صحيح البخاري وصحيح مسلم يحتلان مكانة خاصة بين هذه الكتب الستة، ويطلق عليهما اسم (الصحيحان).

إن الدراسة النقدية لسند الحديث ومتنه أدت بعلماء الحديث أن يميزوا بين الأحاديث، ويقسموها إلى ثلاثة أصناف، هي:

أ-الحديث الصحيح: وهو الحديث الذي لا توجد في سنده علة، كما يخلو متنه من أي فكرة تناقض الشيء المقبول.

ب-الحديث الحسن:وهو الحديث الذي لا يخلو سنده من علة غير أنه ليس كثير الخطأ فيما يروى، ولا هو متهم بالكذب في الحديث، وإن متن الحديث كان قد روي مثله.

ج-الحديث الضعيف:وهو كل حديث يوجد عليه اعتراض قوي سواء تعلق ذلك بمتنه أو بسنده[1].

(١) معروف، المرجع السابق، ص٥٣.

وهناك تصنيف آخر، هو: (صحيح، حسن، مقبول، ضعيف، موضوع).

كما أن هناك تصنيفا آخر للأحاديث بحسب سلاسل رواتها، منها:

أ- الحديث المتواتر:وهو الحديث الذي يرويه عدد كبير من الناس لا يمكن اتفاقهم على كذب، لكثرتهم، وعدالتهم، وتفرق محل سكناهم.

ب- الحديث المعروف:وهو الذي يأتي عن ثلاثة رواة ثقات في الأقل، أو عن طريق صحابي واحد.

ج- الحديث العزيز:وهو الذي يأتي عن اثنين من الرواة أو ثلاثة، ولم يصل شهرة الصنفين السابقين.

د- الحديث الغريب:وهو الحديث الذي ينفرد به بعض الرواة فقط [1].

واستفاد العرب المسلمون من تدوين الأحاديث ذلك أن لغة الحديث تبلغ درجة عالية من البلاغة (أسلوبا ونحوا) كما أنها أصبحت المصدر الثاني للتشريع.

أما الراوي المجرح:

* لين الحديث.
* ليس بقوي.
* ليس بذلك.
* مقارب الحديث (رديء).
* متروك الحديث.
* كذاب.
* وضاع.
* دجال.

---

(١) م.ن، ص١٥٤.

٣-علم الفقه:

يتناول الفقه جميع المسائل التي تواجه الإنسان المسلم في حياته ويضع لها القواعد التي تنظمها فهو العلم بالأحكام الشرعية المستنبطة من الأدلة التفصيلية مثل (نظم العبادات، المعاملات، الجنايات، الأحوال الشخصية) وتستند قواعد الفقه على ما يلي: (القرآن، السنة، الاجتهاد، الإجماع، القياس)، وأخذ كبار الصحابة أحكام الشريعة من القرآن والسنة فإن لم يجدوا نصا صريحا لجأوا إلى القياس أو الإجماع أو الاجتهاد، ولكن الفقهاء في (الحجاز) تمسكوا بالقرآن والسنة، أما في (العراق) فقد مال الفقهاء إلى الأخذ بالقياس والاجتهاد فيما ليس فيه نص صريح في القرآن والسنة، ومع بداية القرن الثاني الهجري/ ٨م، ابتدأ ظهور الفقهاء الذين من آرائهم ظهرت المذاهب السنية الأربعة المعروفة وهي:

أ-الحنفي: الإمام الأعظم أبو حنيفة النعمان بن ثابت (٨٠-١٥٠هـ/ ٦٩٩-٧٦٧م) الذي ولد في الكوفة، والتي تمثلت فيه مدرسة الكوفة، وقد توفي ببغداد. ودفن في جانب الرصافة والمنطقة التي دفن بها عرفت بشهرته (الأعظمية).

ب-المالكي: الإمام مالك بن أنس (٩٣ أو ٩٧-١٧٩هـ/ ٧١١ أو ٧١٥-٧٩٥م) الذي عاش وتوفي في المدينة المنورة، وقد تمثلت فيه مدرسة المدينة.

ج-الشافعي: الإمام محمد بن إدريس (١٥٠-٢١٤هـ/ ٧٦٧-٨٢٩م) الذي ولد بغزة أو عسقلان ورحل في طلب العلم إلى مكة المكرمة، والمدينة المنورة، واليمن السعيدة، وبغداد المحروسة (لمرتين)، ومصر الكنانة، حيث توفي فيها.

د-الحنبلي: الإمام الأعظم أحمد بن حنبل (١٦٤-٢٤١هـ/ ٧٨٠-٨٥٥م)[1] ولد ونشأ في بغداد وتوفي بها.

ثانيا: العلوم الإنسانية:

١-النحـــــو:

النحو: هو علم قواعد اللغة العربية الذي يبحث في الكلمة عند تركيبها، أو الجملة وما يعتريها من أحوال مثل الإعراب والبناء.

وكان العرب يتكلمون لغة سليمة في نحوها وأسلوبها، ولما اتسعت دولتهم تعلم أهل البلاد المفتوحة أو المتحررة اللغة العربية، إلا أنهم لم يتقنوها تماما مما جعلها مضطربة في نحوها بعد أن دخلها الفساد وشاع فيها اللحن بدأ الكثير من سكان الولايات المفتوحة يخطئ في قراءة القرآن الكريم، وحلا لهذه المشكلة فقد ظهرت ضرورة وضع قواعد اللغة وعرف ذلك بالنحو، ويرى بعض المؤرخين أن الخليفة عليا بن أبي طالب هو أول من وضع قواعد علم النحو ويرى آخرون أن (أبا الأسود الدؤلي) هو الذي قام بذلك، ومنهم من يرى أن أبا الأسود الدؤلي وضع علم النحو بإرشاد من علي بن أبي طالب وتوجيهه.

اشتغل (علماء البصرة) بالنحو في العصرين الأموي والعباسي واعتمدوا على القياس مع إهمال الشاذ، وقد جاراهم في الاشتغال به (علماء الكوفة) الذين

(١) الشهر ستاني، محمد بن عبد الكريم (ت٥٤٨هـ/ ١١٥٣م)، الملل والنحل، القاهرة ١٣١٧هـ/ ١٨٩٩م، أمين، أحمد، ضحى الإسلام، ٢٢٠/٢، معروف، المرجع السابق، ص١٦٤.

اعتمدوا في ذلك على الرواية والسماع، واختلف الفريقان في بعض قواعد النحو، وصار لكل منهما مذهبه النحوي.

ومن أشهر علماء النحو البصريين (أبو الأسود الدؤلي، الخليل بن أحمد الفراهيدي، يونس بن حبيب، سيبويه، محمد بن يزيد الأزدي..).

أما أشهر علماء الكوفة في النحو فهم: (أبو جعفر بن حسن الرؤاسي، الفراء، الكسائي)[1] وبعد هؤلاء اهتم بهذا العلم العديد من العلماء العرب والمسلمين من مختلف الولايات وألفوا فيه كتبا عديدة.

٢-التاريـــــخ:

التاريخ: هو علم يختص بدراسة الحضارات الإنسانية عامة، وقد أكد اللـه تعالى على ذلك بقوله:﴿ فَلَنَقُصَّنَّ عَلَيْهِم بِعِلْمٍ وَمَا كُنَّا غَائِبِينَ ﴾[2].

كما أنه مدونة الماضي لجلاء الحاضر والمستقبل، إضافة إلى كونه علم بحث وتمحيص واجتهاد لمعرفة الحقيقة ونتائجها، وقد كرم اللـه تعالى هذا العلم بأن أورد العديد من الآيات القرآنية كتاريخ فيه عظة وعبرة للرسول صلى اللـه عليه و سلم وللمسلمين، قال تعالى: ﴿ تِلْكَ الْقُرَىٰ نَقُصُّ عَلَيْكَ مِنْ أَنبَائِهَا ﴾[3].

---

(١) ابن النديم، محمد بن إسحاق، (ت٣٨٥هـ/ ٩٩٥م)، الفهرست، ط طهران ١٣٩١هـ/ ١٩٧١م، ابن الأنباري، عبد الرحمن، نزهة الألباء في طبقات الأدباء، بغداد ١٣٧٩هـ/ ١٩٥٩م، حاجي خليفة، مصطفى، كشف الظنون، استانبول، ١٣٦٠هـ/ ١٩٤١م.

(٢) سورة الأعراف٧: آية٧.

(٣) سورة الأعراف٧: آية ١٠١.

وقال تعالى: ﴿ لَقَدْ كَانَ فِي قَصَصِهِمْ عِبْرَةٌ لِّأُولِي الْأَلْبَابِ ﴾[(١)].

وقد كان العرب في الجاهلية يتخذون من بعض الحوادث المهمة بدءا للتوقيت (كبناء الكعبة) أو (عام الفيل).

ولما تأسست الدولة العربية الإسلامية أصبحت الحاجة ماسة إلى اتخاذ حادثة هامة يجعلونها أساسا لتوقيت حوادثهم وتاريخهم، فوقع اختيارهم في عهد الخليفة (عمر بن الخطاب) على اتخاذ عام هجرة الرسول صلى الله عليه وسلم من مكة إلى المدينة سنة ٦٢٢م[(٢)].

وقد اشتهر أسلوبان في تدوين التاريخ الأول (أسلوب المحدثين) ويظهر في تاريخ السيرة النبوية الشريفة، وكانت (المدينة) مركزه، وتميز هذا الأسلوب بذكر الخبر على وجه الإيجاز وذكر راويه، والثاني (أسلوب الإخباريين) الذي تميز بإعطاء صورة كاملة عن الواقعة التاريخية وذكر تفاصيلها ورواية الشعر والخطب وكانت (البصرة والكوفة) مركزه، وفي مطلع العصر العباسي في بغداد أتحد الأسلوبان في أسلوب واحد.

وقد اختلف المؤرخون في صياغة كتابتهم للتاريخ فمنهم من نظمها بحسب السنين أو المنهج الحولي كما في تاريخ خليفة بن خياط البصري العصفري وتاريخ الطبري حيث خص كل سنة بما جرى فيها من حوادث، ومنهم من نظمها بحسب الموضوعات أو المنهج الموضوعي مثل عهود الخلفاء كما فعل اليعقوبي

---

(١) سورة يوسف١٢: آية ١١١.

(٢) اليافعي، عبد الله بن سعد (ت٧٦٨هـ/ ١٣٦٦م)، مرآن الجنان، ط بيروت ١٣٩٠هـ/ ١٩٧٠م، العزاوي، التاريخ والمؤرخون.

والمسعودي[1]، ومنهم من اتخذ أسلوب أو منهج الطبقات كما فعل ابن سعد، ومنهم من اتبع طريقة أو منهج الأنساب كما فعل البلاذري، وقد تطورت كتابة التاريخ فشملت جميع نواحي الحياة وسائر أفراد المجتمع ومختلف الأنشطة البشرية إضافة إلى أن بعض المؤرخين تناول تفسير الحوادث التاريخية وهذا ما عرف بفلسفة التاريخ كما فعل ابن خلدون في مقدمته المشهورة. وأشهر كتب التاريخ العربي الإسلامي كتاب (سيرة الرسول صلى الله عليه و سلم) لـ محمد بن إسحاق وقد هذب هذه السيرة عبد الملك بن هشام وسميت (سيرة ابن هشام)، وكتاب (سيرة عمر بن عبد العزيز) لابن عبد الحكم، وكتاب (فتوح البلدان) للبلاذري، و(تاريخ الأمم والملوك) للطبري[2]، و(مروج الذهب) للمسعودي[3]، و(الطبقات الكبرى) لمحمد بن سعد، وكتاب (تجارب الأمم) لمسكويه وكتاب (الكامل في التاريخ) لابن الأثير، وكتاب (المختصر في تاريخ البشر) لأبي الفداء.. وغيرها..

والتاريخ ينقسم إلى حقب وعصور وأزمنة، وفترات، منها:

أولا: عصور ما قبل التاريخ:

(العصر الحجري القديم، العصر الحجري الحديث، عصر المعادن).

---

(١) العزاوي، عبد الرحمن حسين، محسن محمد حسنين، (مشترك)، منهج البحث التاريخي، منشورات جامعة بغداد، مط دار الحكمة، بغداد ١٤١٣هـ/ ١٩٩٢م.

(٢) العزاوي، الطبري السيرة والتاريخ، المرجع السابق.

(٣) العزاوي، د. عبد الرحمن حسين، المسعودي مؤرخاً، منشورات اتحاد المؤرخين العرب، مط الجامعة، بغداد ١٤٠٢هـ/ ١٩٨٢م.

ثانيا: العصور التاريخية:

١- العصور القديمة... وتبتدئ بمعرفة الإنسان للكتابة، وتنتهي بسقوط روما بأيدي البرابرة عام ٤٧٦م. وتميزت بقيام الحضارات القديمة في العراق واليمن والشام ومصر والصين والهند وفارس وبلاد الإغريق وشمال أفريقيا.

٢- العصور الوسطى... وتبتدأ بسقوط روما عام ٤٧٦م وتنتهي بفتح القسطنطينية على يد السلطان العثماني (محمد الفاتح) عام ٨٥٧هـ/ ١٤٥٣م، وتميزت بازدهار الحضارة العربية الإسلامية وانتشار الجهل في أوروبا.

٣- العصور الحديثة... وقد ابتدأت بفتح القسطنطينية وما زالت حتى وقتنا الحاضر (في رأي بعض المؤرخين) أو إلى انتهاء الحرب العالمية الأولى في ١٣٣٧هـ/ ١٩١٨م (في رأي البعض الآخر من المؤرخين).

٤- العصور المعاصرة... وقد ابتدأت بانتهاء الحرب العالمية الأولى، وإلى يومنا هذا (في رأي ثالث من المؤرخين).

٣-الاجتمـــــاع:

الاجتماع:هو دراسة الظواهر الاجتماعية، وأحوال الجماعات، والشعوب، وما تتصف به في محافلها (احتفالات، أعياد، مراسم، وعادات...) كما يبحث عن عوامل تكوين الشعوب والأمم وتطورها أو ضعفها وانحلالها.

وللعرب دور كبير في علم الاجتماع فكتب مؤلفيهم مليئة بذكر أحوال الأمم ووصف معايشها وعاداتها وطرائقها، وأشهر من كتب في ذلك المسعودي (مروج الذهب) وابن حوقل (صورة الأرض) والبلاذري (التاريخ في أنساب

الأشراف وأخبارهم) وغيرهم كإبن جبير وابن بطوطة والمقريزي، والمقري، والبيروني وابن خلدون، ويعتبر ابن خلدون المؤسس الحقيقي لعلم الاجتماع، ويعترف الأوربيون بدوره في ذلك.

٤-الجغرافيــــــا:

أطلق العرب على علم الجغرافيا أسماء عديدة منها (الجغرافية الفلكية، علم تقويم البلدان، صورة الأرض، علم الأطوال والأعراض) وقد تطور هذا العلم ودفعت العرب للاهتمام به العديد من العوامل:

أ- اتساع رقعة الدولة العربية الإسلامية وحاجة المسؤولين فيها لمعرفة ظروف ولاياتها ومدنها وقراها.

ب- حاجة الدولة لمعرفة المعلومات الكثيرة عن الدول التي تجاورها في مختلف الجوانب والشؤون.

ج- انتشار الرحلات التجارية، والدينية (الحج)، والعلمية.

د- حاجة المسلمين إلى الجغرافية الفلكية (تحديد القبلة، تحديد بداية الأشهر القمرية، تحديد أوقات الصلاة، الرحلات البحرية).

ه- عربت العديد من الكتب في هذا المجال مما أتاح الفرصة لمعرفته ودراسته باستفاضة، واتساع حركة الفتح العربي التي وصلت شرقا إلى أطراف الصين، وانتشرت الحركة التجارية البحرية فوصل التجار العرب إلى أقاصي السواحل الأفريقية، وروسيا شمالا، وسواحل المحيط الأطلسي غربا.

ويعد (سليمان التاجر) من أشهر الجغرافيين وقد سافر إلى الصين وسواحل الهند ودون وصفا لأسفاره مؤلف مجهول خلال منتصف القرن الثالث الهجري/ ٩م ومنهم ابن خرداذبة وكتابه المسالك والممالك، واليعقوبي وكتابه البلدان، والبلاذري صاحب كتاب فتوح البلدان، والمسعودي وكتابه مروج الذهب، والمقدسي وكتابه أحسن التقاسيم في معرفة الأقاليم والاصطخري صاحب كتاب مسالك الممالك، وابن حوقل وكتابه صورة الأرض، وأبو الفداء وكتابه صورة الأقاليم، والشريف الإدريسي وكتابه نزهة المشتاق في اختراق الآفاق، إضافة إلى خريطة العالم المشهورة التي رسمها، وياقوت الحموي وكتابه معجم البلدان الذي يعتبر من أجود قواميس الجغرافية.

٥-الفلسفة:

إن (الفلسفة)[١] كلمة تعني في أصلها اليوناني (فيلسوفي) محبة الحكمة، والفيلسوف هو محب الحكمة[٢] وموضوعها البحث في الكون وطبيعة الإنسان وسلوكه.

وقد اهتم المثقفون من العرب المسلمين بهذا العلم رغم أنهم تأخروا قليلا في الغوص في غماره إذ تم تعريب جانب من الفلسفة اليونانية إلى اللغة العربية في خلافة المأمون وعكف هؤلاء المثقفون على دراستها وشرحها وتفسيرها وقد تعددت جوانب الفكر الفلسفي العربي فشملت (علم الكلام، الأخلاق،

(١) وتسمى (التفسير) في جامعات الجماهيرية العربية الليبية.

(٢) البيهقي، علي بن زيد، ظهير الدين (ت٥٦٥هـ/ ١١٦٩م)، تتمة صوان الحكمة، ط لاهور (ب.ت)، عبد الحميد، د. عرفان، الفلسفة في الإسلام، ص٦٠ وما بعدها.

والمعرفة، والدين، والتربية...) وقد بحث علماء الفلسفة العرب في كل هذه الجوانب محاولين التوفيق بين علم الفلسفة والدين، ومن أشهر هؤلاء:

أ- الكندي:

هو أبو سيف يعقوب بن إسحق، العربي الأصل الذي يعتبر مؤسس علم الفلسفة العربي الإسلامي، ولد في الكوفة من أسرة عربية تنتمي لقبيلة كندة، درس في الكوفة والبصرة وعاش في بغداد (ت٢٦٠هـ/ ٨٧٣م) وله مؤلفات عديدة في علم الفلسفة، والحساب، والهندسة، والفلك، والموسيقى، والطب والعلوم الطبية، وتبلغ مؤلفاته أكثر من ٣٦٠ كتابا ورسالة واشتهر بلقب (فيلسوف العرب)[١].

ب- الفارابي:

ولد في مدينة فاراب، ودرس علم الفلسفة في بغداد، ورحل إلى حلب وعاش متزهدا في كنف سيف الدولة الحمداني الذي أجرى له كل يوم أربعة دراهم من بيت المال، وتوفي بمدينة دمشق سنة ٢٣٦هـ/ ٨٥٠م ولقب بـ (المعلم الثاني) لجمعه علم الفلسفة اليوناني وشرحه، ومن أشهر كتبه: (آراء أهل المدينة الفاضلة) الذي وضع فيه نظام المجتمع الإنساني الأمثل. وكتابه (إحصاء العلوم) و(تحصيل السعادة) و(السياسة المدنية)، وقد كتب الفارابي في الرياضيات والكيمياء والموسيقى والنجوم.

---

(١) القفطي، علي بن يوسف، (ت٦٤٦هـ/ ٢٤٨م)، أخبار العلماء بأخبار الحكماء، مط السعادة، القاهرة ١٣٢٦هـ/ ١٩٠٨م.

ويذكر أنه حضر مرة مجلس سيف الدولة الحمداني فأخرج عوده وعزف عليه فأضحك كل من في المجلس، ثم عزف ثانية فأبكاهم، ثم عزف ثالثة فأنامهم، وانصرف؟!.

ج- ابن سينا:

هو أبو علي الحسين بن عبد الـلـه بن سينا ولد بالقرب من مدينة بخارى وتوفي في همذان سنة ٤٢٨هـ/ ١٠٣٦م وقد كان نابغة عصره في الطب وعلم الفلسفة، ألف العديد من الكتب مثل (القانون في الطب) و(كتاب الشفاء) و(النجاة) و(الإشارات والتنبيهات) وترجمت بعض كتبه إلى اللاتينية فكان لها دور في تقدم المعرفة وتطورها، وقد اشتهر عند الأوربيين باسم (افسينا).

وإلى جانب هؤلاء كان هناك آخرون لا يقلون عنهم أهمية مثل الطبيب أبو بكر محمد بن زكريا الرازي يحيى بن عدي، وتلميذه أبو سليمان محمد بن طاهر السجستاني، وتلميذه أبو حيان التوحيدي، وابن باجة (ت ٥٣٤هـ/ ١١٣٩م) وابن طفيل (ت ٥٨١هـ/ ١١٨٢م) وابن رشد (ت ٥٩٥هـ/ ١١٩٨م) الذي يعد من أكبر فلاسفة هذا العلم وقد أطلق عليه الأوروبيون اسم (افيروس) وذاعت شهرته في الجامعات الأوروبية خلال القرون الوسطى.

ثالثا: العلوم الصرفة:

١-الرياضيـــات:

اهتم العرب بهذا العلم وطوروه وخاصة بعد أن وصلت الأرقام العددية من الهند في خلافة أبا جعفر المنصور حوالي سنة ١٥٣هـ/ ٧٧٠م. وبذلك استعمل

العرب الأرقام الهندية التي ما زالت قائمة في بعض الأقطار كما هي، وأمام اتساع معارف العرب وتطورهم العلمي برز منهم علماء في الرياضيات مثل:

الخوارزمي الذي ذاع صيته عند الأوربيين في علم الرياضيات، وثابت بن قرة، والبتاني، والخازن البصري، وعمر الخيام.

وفي المغرب والأندلس فقد برز منهم مسلمة بن أحمد المجريطي[١] (إمام الرياضيين بالأندلس) ومن تلاميذه ابن السمح، وابن الصفار، وأمية بن أبي الصلت[٢].

وتقدم العرب والمسلمون بعلم الحساب خطوات واسعة فأضافوا إلى العلم (نظام الأعداد) الذي يمثل ثورة شاملة على نظام الأوربيين الأول، فنظام الأعداد الذي عرفته أوروبا عن العرب يمكن فيه أن تتغير قيمة العدد حسب وضعه في خانة (الآحاد) أو (العشرات) أو (الآلاف) في حيث أن قيمة الرقم لا تتغير في نظامهم القديم بتغيير خانته، وبذلك مكن العرب الأوربيين من تبسيط النظام العددي العقيم وساعدوهم في سهولة العمليات الحسابية وتقدم علم الرياضيات. وقد كتب البيروني رسالة هامة في الأعداد وشرح اليعقوبي في تاريخه نظام الأعداد وتركيبها واستعمالها، وفي القرن الثاني الهجري/ الثامن الميلادي استخدم العرب (الصفر) في الحساب فرسموه على هيئة دائرة (حلقة O) وهو رمز حسابي جديد ويعد من أهم المبادئ التي اهتدى إليها العقل البشري في الرياضيات، ولم يعرف الأوربيون استعماله إلا عن طريق العرب في القرن السادس الهجري/ الثاني عشر الميلادي.

---

(١) أو المدريدي، (نسبة إلى مدريد بإسبانيا).

(٢) طاش كبرى زادة، أحمد بن خليل، (ت ٩٦٨هـ/ ١٥٦٠م)، مفتاح السعادة ومصباح السيادة في موضوعات العلوم، مط الاستقلال، القاهرة ١٣٨٨هـ/ ١٩٦٨م.

وفي ذلك قال (المؤرخ إير Eyre): (إن فكرة الصفر تعتبر من أكبر الهدايا العلمية التي قدمها المسلمون العرب إلى غرب أوروبا).

وعلامة الصفر تعتبر قديمة في استعمالها عند العرب قبل الإسلام وبيت الشعر الآتي يوضح ذلك:

ترى أن ما أهلكت لم يكن ضرني   وإن يدي مما بخلت به صفر

أما (علم الجبر) الذي ما زال محتفظا باسمه العربي في كافة اللغات الأوروبية Algebra-Algebrae فقد أخذه الأوربيون عن العرب الذين اكتشفوا (أصول علم الجبر) وأضافوا إليها وعدلوها، وقد اهتم الخليفة المأمون بعلم الجبر حتى أنه كلف (محمد بن موسى)، العالم الذي اشتهر في علم الرياضيات، بتأليف كتاب في الجبر. وقد تم ذلك فعلا، وقام الأوروبيون بترجمة الكتاب إلى اللاتينية سنة ٥٤٠هـ/ ١١٤٥م، وظل كتاب الخوارزمي (ت٢٣٢هـ/ ٨٤٦م) مستعملا في المدارس والجامعات الأوروبية حتى القرن العاشر الهجري/ السادس عشر الميلادي.

أما في مجال الهندسة فقد عرب العرب بعض الكتب اليونانية القديمة في علم الهندسة، ولم يقفوا عند ذلك بل جددوا وأضافوا، فهم الذين أدخلوا (المماس) إلى علم حساب المثلثات، وكانت لهذه الخطوة قيمة علمية كبيرة، كذلك أقام العرب الجيوب مقام الأوتار وحلوا المعادلات المكعبة وتعمقوا في أبحاث المخروطات.

٢-الفيزيـــــاء:

قام العرب بتعريب بعض المؤلفات اليونانية مثل كتاب (الفيزيكس) لأرسطو وكتاب (رفع الأثقال) لإبرن، وواصل العرب بحثهم لمعرفة المزيد عن هذا العلم

فاكتشفوا قوانين طبيعية، وألفوا عديد الكتب في شتى فروع علم الفيزياء وكانت جهودهم تلك هي أساس منهج البحث العلمي في العصر الحديث، واهتم العلماء العرب بدراسة البصريات فبحثوا في عناية المرئيات الخادعة التي حدثها انكسار الأشعة (الضوء والصوت)، ومن أشهر علماء العرب في هذا العلم (أبو علي محمد بن الحسن البصري) المعروف بابن الهيثم الذي عرف عند الأوروبيين باسم نظريته (الهازن)، وقد ألف كتبا في هذا العلم منها كتاب (المناظر) الذي كان مصدرا رئيسا في أوروبا حتى أواخر القرن الحادي عشر الهجري/ السابع عشر الميلادي[١].

وقد تناول الكتاب نظرية انكسار الضوء وانعكاسه في البيئات الشفافة (كالهواء والماء)، واعترف الأوروبيون بجهود ابن الهيثم العلمية، قال (ديورانت) في كتابه المشهور (قصة الحضارة):

(لا مبالغة مهما قلنا في أثر ابن الهيثم في العلم في أوروبا) وقام ابن الهيثم بتجارب علم المرايا المختلفة الأشكال، واكتشف طريقة صحيحة لإيجاد البعد البؤري، وهناك علماء عرب ومسلمون آخرون بذلوا جهودا في تقدم هذا العلم مثل الخازن والبيروني وغيرهم[٢].....

٣-الكيميـــــاء:

كان الفضل في تأسيس هذا العلم إلى العالم (جابر بن حيان الأزدي الكوفي) الذي ولد سنة ١٢٠هـ/ ٧٣٧م بالكوفة حيث قام بتأليف العديد من

---

(١) طوقان، العلوم عند العرب، ص١٥٨.

(٢) ديورانت، قصة الحضارة، الهيئة المصرية العامة للكتاب - القاهرة ١٤٠٠هـ/ ١٩٧٩م.

الكتب في هذا المجال، وأكد على أهمية قيمة (التجربة) في علم الكيمياء وتمكن من تحسين الطرق القديمة للتبخير والتصعيد والإذابة والبلورة، وإدراك تركيبات بعض الأحماض وكيفية مزجها، وواصل علماء العرب بعد جابر بن حيان نشاطهم في هذا العلم وتوصلوا إلى نتائج علمية باهرة، مثل مسلمة المجريطي، وأبا القاسم محمد بن أحمد العراقي، وغيرهم [1].

٤-الطـــــب:

أشاد القرآن الكريم بالحكمة فقال تعالى:﴿ يُؤْتِي ٱلْحِكْمَةَ مَن يَشَآءُ وَمَن يُؤْتَ

ٱلْحِكْمَةَ فَقَدْ أُوتِيَ خَيْرًا كَثِيرًا ﴾ [2].

ومن أنواع الحكمة الطب، وقد أطلق العرب اسم (الحكيم) على الرجل الذي يمتهن الطب (الطبيب) وما زال هذا الاسم مترددا إلى اليوم.

كان الطب محجورا عليه تقريبا في العالم المسيحي لأن المرض في زعم الكنيسة عقاب من اللـه للإنسان لا يجب أن يبعده عن المريض، بينما لم تكن هذه الأفكار معروفة عند العرب حتى قبل الإسلام إذ مارس العرب مهنة الطب وتفننوا فيها.

أما بعد ظهور الإسلام فقد مارس هذه المهنة معظم الناس وهناك من برع منهم فيها، ويكفي أن نقول أنه في عهد المقتدر بالله العباسي تقدم للامتحان في الطب بمدينة

---

(١) ابن أبي أصيبعة، أحمد بن محمد (ت ٦٦٨هـ/ ١٢٦٩م)، عيون الأنباء في طبقات الأطباء، مط الإقبال، بيروت (ب، ت).

(٢) سورة البقرة٢: آية ٢٦٩.

بغداد وحدها نحو (تسعمائة) ممتهن للطب وهذا العدد لا يشمل الحكماء الذين تجاوزوا الامتحانات السابقة وماروا اختصاصاتهم الطبية أو أساتذتهم.

وقد ألف الحكماء (الأطباء) العرب العديد من الكتب في مجال الطب، ونظرا لقيمة هذه المؤلفات فقد قام الأوروبيون بترجمتها إلى لغتهم اللاتينية ومن أشهر تلك الكتب التي ترجمت كتاب (القانون) لابن سينا وهو موسوعة طبية شملت خلاصة ما وصل إليه الطب عند العرب والإغريق والهنود والسريان، كما ترجم كتاب (الحاوي) للرازي وهو أكبر وأوسع من كتاب القانون، ومنها أيضا كتاب (التعريف لمن عجز عن التصريف) لأبي القاسم خلف بن عباس الزهراوي الأندلسي، وشيد العرب المستشفيات وتعتبر الخيمة التي أمر الرسول (صلى الله عليه وسلم) بنصبها في موقعة الخندق هي نواة المستشفيات العربية، فقد كانت (رفيدة الإسلامية) تداوي الجرحى فيها، ويروى أن أول دار أسست لمداواة المرضى بناها الخليفة الأموي (الوليد بن عبد الملك بن مروان) ٨٨هـ/ ٧٠٦م وأجرى عليهم الأرزاق.

أما النهضة الطبية فكانت في العصر العباسي وخصوصا في عهد الخليفة هارون الرشيد التي شيدت بعهده المستشفيات والبيمارستانات بطرق وأساليب متطورة وازدادت أعدادها بشكل كبير. لذا عرفت في هذا العهد المستشفيات الثابتة والمتنقلة، كما عرفوا المستشفيات المتخصصة لكثير من الأمراض التي كانت منتشرة في ذلك الوقت(١).

---

(١) طوقان، المرجع السابق، ص١٥٨ وما بعدها.

رابعا: المظاهر الفنية:

١-العمـــــــارة:

ازدهرت العمارة في بعض المناطق العربية قبل الإسلام وخاصة في (اليمن وبابل والعراق ومصر والبتراء وتدمر) إلا أن هذه الحركة العمرانية لم تتطور مع الزمن عند العرب كثيرا، وعندما قامت حركة التحرير والفتح العربية شهد العرب التطورات العمرانية والفنية لدى الأمم السابقة كقصور وكنائس العراق والشام ومصر ومباني الفرس كإيوان كسرى في المدائن بالقرب من بغداد ومارس العرب هذا الفن وطوره بحسب ذوقهم وتراثهم[١]، وكان أول ما يقومون به بعد اختيار موقع المدينة القيام برسم تخطيطي على أرضية الموقع ويتم تحديد مواقع: (دار الإمارة، المسجد، الأسواق، حي لكل قبيلة...)[٢].

وقد بنى العرب المدن الكثيرة وبأغراض وأهداف متنوعة، منها:

أ-أغراض عسكرية، مثل: **(البصرة، والكوفة، والفسطاط، والقيروان، وواسط).**

ب-أغراض عسكرية - مدنية، مثل: **بغداد، وسامراء (سر من رأى).**

ج-أغراض الراحة والاستجمام، مثل: **الرملة، الرصافة، الزهراء، المتوكلية.**

ومن أشهر المدن التي أنشأها العرب، وبحسب التقادم الزمني:

أ-البصرة: التي شيدت في خلافة عمر بن الخطاب رضي الله عنه، وقد بناها الصحابي (عتبة بن غزوان المازني) سنة ١٤هـ/ ٦٣٥م، وهي أول مدينة شيدت في الإسلام.

(١) علام، نعمت إسماعيل، فنون الشرق الأوسط في العصور الإسلامية، دار المعارف، القاهرة ١٤١٠هـ/ ١٩٨٩م، ص٣٦ وما بعدها.

(٢) الخربوطلي، د. علي حسني، الحضارة العربية الإسلامية، ط القاهرة (ب، ت) ص٢٨٠ وما بعدها.

ب-الكوفة: التي شيدت في خلافة عمر بن الخطاب رضي الـلـه عنه، وقد بناها القائد سعد بن أبي وقاص، سنة ١٧هـ/ ٦٣٨م. وقد اتخذها الإمام علي بن أبي طالب رضي الـلـه عنه الخليفة الراشدي الرابع عاصمة لحكمه. فهي ثاني مدينة تؤسس في الإسلام، وثاني (عاصمة) للمسلمين بعد المدينة المنورة.

ج-الفسطاط: التي شيدت في خلافة عمر بن الخطاب رضي الـلـه عنه، وقد بناها عمرو بن العاص، سنة ٢١هـ/ ٦٤١م.

د-القيروان: بناها عقبة بن نافع الفهري، سنة ٥٠هـ/ ٦٧٠م وقد شيد في وسطها مسجد ودارا للإمارة، وبيوتا، وغيرها.

هـ -واسط: بناها الحجاج بن يوسف الثقفي سنة ٧٥هـ/ ٦٩٤م. في موقع متوسط بين البصرة والكوفة والأحواز بمسافة (٥٠) خمسون فرسخا، وقد تم اختيارها بناء على نصيحة الأطباء.

و-بغداد أو مدينة السلام: واسمها أيضا (الزوراء) أو (مدينة المنصور) وقد بناها أبا جعفر المنصور سنة ١٤٥هـ/ ٧٦٢م. وهي عاصمة الخلافة العباسية لأكثر من خمسة قرون.

ز-فاس: بناها إدريس الثاني سنة ١٩٢هـم ٨٠٧م كمركز للدراسة في المغرب الأقصى.

ح-سامراء: التي شيدت من قبل الخليفة العباسي المعتصم بالله سنة ٢٢٢هـ/ ٨٣٦م، فأصبحت عاصمة للخلافة العباسية لفترة تقرب من نصف قرن (٢٢٣-٢٧٠هـ/ ٨٣٧-٨٨٣م) ولثمانية خلفاء منهم: الواثق والمتوكل والمنتصر والمستعين والمعز والمهدي، وهي تبعد (١٠٠) مائة كم شمالي بغداد.

وهناك مدن عربية كثيرة مثل: القاهرة ٣٥٨هـ/ ٩٦٨م. التي بناها جوهر الصقلي للمعز العبيدي، مراكش ٤٥٤هـ/ ١٠٦٢م التي بناها يوسف بن تاشفين. إضافة إلى مدن أخرى عديدة في المشرق، وفي المغرب والأندلس منها الرباط (٥٩٣هـ/ ١١٩٦م) التي بناها يعقوب المنصور الموحدي.

٢-المساجد:

كان وما زال للمسجد أهمية ومكانة خاصة في نفوس المسلمين، ويعد المسجد من أقدم العمائر والمباني التي اهتم بها المسلمون عامة، وعندما هاجر الرسول صلى الـله عليه وسلم من مكة المكرمة إلى المدينة المنورة قام ببناء أول مسجد في الإسلام (مسجد قباء) الذي بنيت جدرانه باللبن والحجارة، أما سقفه فكان من الجريد وأغصان على جذوع النخل، وكانت له ثلاثة أبواب اثنان من جهة الشرق والثالث من جهة الغرب، وكانت تحيط به بيوت الصحابة، وبعد سبع سنوات من هجرة الرسول (صلى الـله عليه و سلم) إلى مكة ضاق المسجد بالمصلين، فقام الرسول بتوسيعه وجعله مربعا طول ضلعه حوالي مائة ذراع (حوالي ٥٠ مترا).

وقام الخليفة عمر بن الخطاب بتوسيعه فبلغ طول ضلعيه ١٢٠×١٣٠ ذراعا. وجعل له ستة أبواب.

وفي خلافة الوليد بن عبد الملك أمر واليه عمر بن عبد العزيز رضي الـله عنه بهدم المسجد وبناءه من جديد بمساحة (٢٠٠×١٦٠ ذراعا) سنة ٩١هـ/ ٧٠٩م.

-ومن أشهر المساجد الإسلامية[1]:

أ- مسجد البصرة: وهو أول مسجد أنشئ في الإسلام خارج شبه الجزيرة العربية سنة ١٤هـ/ ٦٣٥م، من قبل عتبة بن غزوان.

ب- المسجد الأقصى: وهو الذي عرف بمسجد عمر، وذلك أن الخليفة عمر بن الخطاب رضي الله عنه أنشأ في موضعه سنة ١٦هـ/ ٦٣٧م مصلى من الخشب. ثم بناه الخليفة الأموي عبد الملك بن مروان بطراز جديد.

ج- مسجد الكوفة: وقد بني سنة ١٧هـ/ ٦٣٨م، من قبل سعد بن أبي وقاص.

د- مسجد الفسطاط : وقد بني سنة ٢١هـ/ ٦٤١م، من قبل عمرو بن العاص.

هـ- جامع القيروان: بناه عقبة بن نافع عند بناء مدينة القيروان سنة ٥٠هـ/ ٦٧٠م.

و- مسجد قبة الصخرة: بناه عبد الملك بن مروان تخليدا لذكرى الإسراء والمعراج بمدينة القدس الشريف.

ز- المسجد الأموي بدمشق: بناه الوليد بن عبد الملك، وهو يعد من المساجد الكبيرة.

ح- مسجد بغداد: وهو المسجد الجامع لمدينة بغداد، مجاورا لقصر الخليفة أبا جعفر المنصور المعروف بقصر باب الذهب. أو قصر القبة الخضراء، وقد بني سنة ١٤٥هـ/ ٧٦٢م.

ط- جامع سامراء: وهو ما يعرف بجامع المتوكل (٢٣٨هـ/ ٨٥٢م) والمشهور بمأذنته المسماة (الملوية) التي تبلغ أطواله (٢٥٠×١٦٠) أي أن مساحته أكثر من (٤٠) ألف متر مربع، وهو أكبر مساجد العالم الإسلامي آنذاك.

---

(١)الخربوطلي، المرجع السابق، ص٢٧٥ وما بعدها. عاشور، سعيد عبد الفتاح وآخرون، دراسات في تاريخ الحضارة الإسلامية العربية، ص٥٢٤ وما بعدها.

ي- الجامع الأزهر: بناه جوهر الصقلي بأمر المعز لدين الله سنة ٣٦٠هـ/ ٩٧٠م وقد أضيفت إليه إضافات عديدة في أزمنة مختلفة.

وقد تعددت المساجد العربية الإسلامية مثل: جامع الزيتونة، مسجد قرطبة، جامع ابن طولون، وغيرها...

وفي مجال البناء والعمران شيد العرب الكثير من الحصون، والقلاع، والرباطات، والثغور، وذلك لتحصين وحماية الدولة والسهر على أمن حدودها وسلامتها، وقد تم ذلك في معظم ولايات الدولة، كما شيدت القصور، والمباني، ودور الإمارة، والأسواق.... وغيرها من المباني العامة التي دلت على تطور فن البناء والتشييد والعمران عند العرب المسلمين.

٣-الفنـــــون:

أ-الرسم والتصوير والنحت (الأيقونية):

في الفترة الأولى لظهور الإسلام خشى المسلمون من أعمال الرسم والتصوير والنحت وذلك لقرب عهدهم بعبادة الأوثان، قَالَ تَعَالَىٰ: ﴿ وَصَوَّرَكُمْ فَأَحْسَنَ صُوَرَكُمْ ﴾[(١)].

قَالَ تَعَالَىٰ: ﴿ فِيٓ أَيِّ صُورَةٍ مَّا شَآءَ رَكَّبَكَ ﴾[(٢)].

إلا أن خلفاء بني أمية وبني العباس فيما يبدو أنهم سمحوا للفنانين[(٣)] القيام بذلك، إذ نجد في المساجد التي بنيت أيام الأمويين زخارف نباتية بالفسيفساء كما في المسجد الأموي بدمشق، ومسجد قبة الصخرة بالقدس.

---

(١) سورة التغابن٦٤: آية ٣.

(٢) سورة الانفطار١٩: آية ٨.

(٣) كما سمحت بعض الكنائس في أوروبا بالصور والتماثيل... وبذلك انقسمت إلى (الأيقونية) و (اللاأيقونية).

وفي أيام العباسيين ظهرت التماثيل التي زينت المباني فأقام أبا جعفر المنصور فوق قبة قصره ببغداد تمثالا لفارس بيده رمح، وأقام الخليفة الأمين حراقات على نهر دجلة في أشكال الأسود والنسور، كما جعل الخليفة المقتدر في قصره تماثيل فرسان وطيور[1].

أ-الزخرفة:

زينت الكثير من المساجد والقصور والمدن العربية والإسلامية بزخارف متعددة في تيجان الأعمدة، والجدران، والمحاريب، وذلك منذ عهد مبكر، فالقصور التي بناها خلفاء بني أمية كان معظمها مزخرف وبها رسوم نباتية، ومناظر الصيد، ورسوم الحيوانات. وقد استخدمت الزخرفة من العنصر النباتي ((الجذع والورق)) وتطورت واشتهرت باسم الرقش العربي (الأرابسك) أي التفريعات النباتية، وتعددت الزخارف والنقوش في مدينة سامراء بالعراق. ومن آثار الطولونيين بمصر، والفاطميين، وعرب الأندلس (قصر الحمراء وقصر بني عباد باشبيلية).

أما الخط العربي فقد أصبح فنا جميلا على يد خطاطين مهرة مثل (ابن مقلة، وابن هلال، وابن البواب... وغيرهم).

وقد استخدم الخط الكوفي في كتابة القرآن الكريم وأقدم نسخة ترجع إلى سنة ١٦٨هـ/ ٧٨٤م، ثم حل محله خط النسخ.

---

(١) علام، المرجع السابق، ص٣٥ وما بعدها.

أما في منطقة المغرب العربي فقد استخدم الخط المغربي الذي سمي بالخط الأندلسي أو القرطبي كما اهتم العرب بزخرفة وتذهيب الكثير من كتبهم ومخطوطاتهم بالعناصر النباتية إضافة إلى اهتمامهم بتجليد الكتب والمخطوطات، وقد استخدمت الجلود الحيوانية في التجليد، وزينت برسومات ملونة[١].

---

(١) م.ن

الفصل التاسع

مكانة الحضارة
العربية الإسلامية في العالم

الفصل التاسع
مكانة الحضارة العربية الإسلامية
في العالم

ازدهرت الحضارة العربية الإسلامية طوال قرون عديدة وانتشرت مآثرها الرائعة في معظم أنحاء العالم، من فرنسا إلى الصين وكانت من أنبل حلقات الحضارة الإنسانية، وقد استوعبت تراث الأمم القديمة في الأدب، والعلوم، والفنون، وطورته وأضافت إليه إضافات مهمة، وابتكرت علوما وفنونا وصنائع لم تكن موجودة، وكانت (اللغة العربية) لغة العلم والثقافة العالمية في تلك الفترة الزاهرة الطويلة.

وقد أثرت هذه الحضارة في الشرق والغرب تأثيرا كبيرا ويبدو تأثيرها في الشرق في الدين والفنون واللغة على الخصوص أما تأثيرها في الغرب فكان كبيرا في العلوم، والفنون، والصنائع، وحينما كانت الحضارة العربية في أوج ازدهارها في القرن الرابع الهجري/ العاشر الميلادي، وكانت المدارس والجامعات والمكتبات تعد بالمئات في بغداد ودمشق والقاهرة وقرطبة، كانت أوروبا تعيش في أواخر عصورها المظلمة حين كان يحكمها إقطاعيون جهلاء، ويتولى أمور الثقافة فيها رهبان أميون أو أشباه أميين.

إن المدينة الغربية (الفرنجية) الحديثة لم تنهض على أسس التأمل اليوناني المحض، وإنما كان دور العرب العلمي ومساهمتهم هو الأساس الذي بنيت عليه هذه التقدمية.

إن المدنية الأوروبية مدينة بوجودها للحضارة العربية الإسلامية وهذا ما يؤكده الواقع العلمي، وكذلك (بريفو Briffault) في كتابه (المدخل إلى تاريخ العلم) إذ حلل حاجة الغرب إلى معرفة أعمق، وأراد أن يحدد للغرب صلاته بالفكر القديم، فتطلع أول الأمر إلى المصادر العربية.

أولا: مميزات الحضارة العربية الإسلامية:

تتسم الحضارة العربية الإسلامية بصفات خاصة ميزتها عن غيرها من الحضارات هي:

١-العروبـــــــة:

إنها عربية في تعبيرها[1]، فقد استعملت الشعوب المختلفة التي تحررت وعاشت في ظل الحكم العربي الإسلامي، (اللغة العربية) للتعبير عن نواحي الفكر، وهذا بدوره يعكس قابلية اللغة العربية نفسها ومرونتها في استحداث ألفاظ وتراكيب جديدة، تساير هذا التطور السريع من جهة، وتمتاز بالبساطة والوضوح

---

(١) المعاضيدي، د. خاشع، د. عبد الأمير دكسن، د. عبد الرزاق الأنباري، دراسات في تاريخ الحضارة العربية، منشورات جامعة بغداد، ١٤٠٠هـ/ ١٩٧٩م ص٩-١٠. السامرائي، د. خليل إبراهيم، د. خليل إبراهيم، د. عبد الواحد ذنون طه، د. ناطق صالح مطلوب، تاريخ العرب وحضارتهم في الأندلس محاضرات في التاريخ والحضارة، منشورات الجا، مالطة ١٤١٩هـ/ ١٩٩٨م، ص٢٦-٢٩.

من جهة أخرى، وخير دليل على ذلك مئات الآلاف من الكتب التي خلفها المؤلفون في مختلف المواضيع باللغة الغربية[1].

٢-الإسلاميــــــة:

إن الروح الدافعة للحضارة العربية هي الإسلام، فهي حضارة عربية إسلامية قامت في ظل الإسلام والدولة العربية على أن هذا لا يعني إهمال دور من أسهم في بناء هذه الحضارة من غير المسلمين، بل المقصود هنا أن المحيط الذي كان الناس جميعا يعملون فيه هو محيط عربي إسلامي، والبيئة الاجتماعية هي بيئة عربية إسلامية.

٣-العالميــــــة:

أنها كانت عالمية في محتواها، فلم تكن للعرب وحدهم ولم تقتصر على أجزاء من البلاد فقط، بل شملت العالم المعروف آنذاك، كما أن ما نتج عنها من آراء وأفكار في مختلف الميادين تناسب شعوبا كانت تعيش خارج الأرض العربية.

٤-التفتــــــح:

لقد كانت حضارة متفتحة متحركة شملت كل شؤون الحياة من أجل سعادة الإنسان ورفاهيته[2].

_____

(١) المـاوردي، علـي بـن محمـد البصري (ت٤٥٠هـ/ ١٠٥٨م)، الأحكـام السلطانية والولايات الدينية، ط. القاهرة ١٣٨٦هـ/ ١٩٦٦. السامرائي، د. خليل إبراهيم، وآخرون، المرجع السابق.
(٢) المرجع نفسه، ص٢٨٥-٢٨٧.

ثانيا: طرق انتقال الحضارة العربية الإسلامية إلى أوروبا:

تعد الحضارة العربية الإسلامية من أهم عوامل النهضة الثقافية والعلمية في أوروبا وقد انتقلت إليها بطرق متعددة أهمها[1]:

١-الأندلـــــس:

إن الموقع الجغرافي للأندلس وكونها جزءا من أوروبا وسهل انتقال معالم حضارتها عن طريق الطلاب الأوربيين الذين التحقوا بالمدارس العربية في قرطبة وإشبيلية ومالطه وغرناطة. فنجد أن هؤلاء قد قضوا معظم أوقاتهم في الأندلس، يتلقون العلم، ويعكفون على نقل الكتب العلمية العربية إلى اللغة اللاتينية، وقد ترجم (جيرارد اف كريمونا) (٧١) واحدا وسبعين كتابا من أمهات الكتب العربية. وكذلك أقبل غيره على الترجمة والنقل والتلخيص بحماسة منقطعة النظير[٢]. ولولا تمجيد العرب لحرية الفكر، وتسامحهم الكبير في تلك العصور المظلمة التي اتسمت بالتعصب في أوروبا، كما كان إيمان المسلمين بالعلم يبهر طلاب المعرفة في مراكز الإشعاع الثقافي والعلمي، فتطلع طلاب العلم من الغرب إلى العرب والإسلام فوجدوا في القرآن الكريم الدعوة الصريحة إلى تمجيد (العلم والعلماء).

ويلاحظ هنا أن لفظ العلم في القرآن الكريم أمر مطلق غير مقيد بنوع من العلم دون غيره، اللهم إلا أن يكون علما لا نفع فيه، ولا يرجى من نتائجه خير وسلام، فالإسلام هنا لا يمجد علما على حساب علم آخر، فعلوم الدين كعلوم

---

(١) بدوي، د. عبد الرحمن، دور العرب في تكوين الفكر الأوروبي، دار الآداب، بيروت ١٣٨٥هـ/ ١٩٦٥م، ص٢١.

(٢) مرحبا، محمد عبد الرحمن، الموجز في تاريخ العلوم عند العرب، دار الكتاب اللبناني، بيروت ١٣٩٠هـ/ ١٩٧٠م، ص١٢.

الدنيا سواء بسواء، وهذا ما أكدته السنة النبوية الشريفة، وأحاديث الصحابة الأجلاء. لقد تمت عملية الإخصاب بين الفكر العربي والفكر الغربي على هذا الأساس، وأشعلت جذوة الحماس العلمي في أوروبا، وبدأت الرحلة العلمية من أعماق أوروبا عندما قامت (جربير دي أورياك) Gerbert De> Awrillac الذي صار (بابا) باسم ((سلفستر الثاني Silvestre II)) حيث قام برحلة إلى قرطبة (طلبا للحكمة) وشهد بهذا الحدث أحد معاصريه من المؤرخين هو (أدمار دي شابان Admar De chabanne) الذي زار الأندلس، وأمضى بها ثلاث سنوات من سنة (٣٥٧هـ/ ٩٦٧م) إلى سنة (٣٦٠هـ/ ٩٧٠م) بجوار أسقف (فتش Vich).

وذكرت المصادر التاريخية أنه رحل إلى قرطبة الزاهرة في زمن الحكم الثاني (٣٦٦هـ/ ٩٧٦م) وكان لهذه الرحلة أثر كبير في نشر (جربير) العلم العربي الإسلامي في أوروبا المسيحية.

وفي عصر (أمراء الطوائف) كانت طليطلة ذات مركز مهم، لأنها كانت في ذلك الوقت على الحدود بين الدولة العربية الإسلامية في الأندلس والدولة النصرانية في باقي مقاطعات أسبانيا، فامتازت بمكتباتها الشهيرة خاصة بعد أن انتقل إليها جزء من مكتبة الحكم الثاني وآلاف المجلدات من المشرق العربي.

كذلك انتقلت صناعة الورق من بغداد إلى القاهرة إلى المغرب ومن ثم إلى الأندلس ومنها إلى أوروبا ولولا هذه الصناعة لما ظهرت الحاجة إلى اختراع المطبعة ذات الحروف المتحركة في ألمانيا سنة ٨٠٨هـ/ ١٤٠٥م، ولولا الورق والمطبعة لما تيسر للعلم أن ينهض وينتشر في أوروبا ويكون أساس حضارتها الحديثة ومصدر

قوتها، وقبل هذا أثرت حركة الترجمة ونقل التراث العلمي العربي من اللغة العربية إلى اللغة اللاتينية، وكانت مدينة طليطلة المركز الرئيس لهذه الحركة[1].

٢- صقلية:

فتح (الأغالبة) حكام تونس جزيرة صقلية سنة ٢١٢هـ/ ٨٢٧م وحكموا فيها، والعبيديون من بعدهم حتى الاحتلال النورمندي سنة ٤٨٤هـ/ ١٠٩١م لقد ازدهرت العلوم والآداب في ظل الحكم العربي لهذه الجزيرة وكانت النخبة الحاكمة من الأغالبة والكلبيين تضم أشخاصا لم يكونوا رعاة للأدب فحسب، بل كانوا هم أنفسهم أيضا كتابا وعلماء مبدعين.

واستمر الوجود العربي والحضارة العربية الإسلامية في صقلية في ظل الحكم النورمندي، فقد كان الحكام متسامحين مع العرب ومحبين للحضارة العربية فاحتفظوا بنظام الادارة العربية وسمحوا للعرب بالانصراف إلى المخرجات الخصبة في الفن، والثقافة، والزراعة، والصناعة، وبلغت الحركة العلمية في صقلية أوج ازدهارها في ظل الإمبراطور الجرماني فردريك الثاني سنة (٦١٢-٦٤٨هـ/ ١٢١٥-١٢٥٠م) الذي اقتبس عنها الكثير من المظاهر المادية، والأنظمة الإدارية، والاقتصادية، ثم اعتنى قبل كل شيء بتراث العرب العلمي، ومهد السبيل إلى عهد الأحياء والنهضة، وقد قيل بحق أنه لولا (فردريك الثاني) لتأخرت النهضة الأوروبية الحديثة مدة قرن آخر أو قرنين[2].

---

(١) معروف، المرجع السابق، ص٢٤٠.
(٢) السامر، وآخرون، تاريخ الحضارة العربية الإسلامية، ص٢٤٦-٢٤٧.

ولم تكن صقلية مركزا لنقل العلوم العربية فقط وإنما كانت معبرا لانتقال الصناعات، والفنون، والآداب، إلى إيطاليا وسائر البلاد الأوروبية.

٣-الحروب الصليبية (الفرنجية):

كان أثر (الحروب الصليبية) في نقل العلوم العربية إلى الغرب ضئيلا محدودا على الرغم من أن الصليبيين أقاموا في بلاد الشام مدة تزيد على (القرنين) سادت فيها فترات طويلة من السلام بينهم وبين المسلمين فقد نقل الصليبيون شيئا من الفنون العسكرية، والتحصينات العربية، وتأثروا بالعادات والتقاليد الشرقية وبهرهم تقدم الحضارة العربية الإسلامية وحرك في أنفسهم روح النقد لحياتهم الاجتماعية والاقتصادية والرغبة في التجدد، وأدت إلى تغيير الأنظمة الاجتماعية فيها، واتسع النشاط التجاري الذي أدى إلى ظهور الصناعة وتقدمها، فأدى إلى تشجيع العلم والاختراع، ثم للتجار الفضل الكبير في نقل الثقافة العربية إلى أوروبا كذلك عن طريق حركة الاستكشافات الجغرافية، وظهور الحركة الصناعية ببلاد الشام في زمن الصليبيين، فقد كانت الطرق التجارية تنطلق من سوريا والبحر المتوسط، وبعد ذلك صوب المدن التجارية الإيطالية مثل (جنوة) و(البندقية) وكانت البضائع تنقل عبر جبال الألب الإيطالية إلى المراكز التجارية الكبرى في أوروبا[1].

(١) معروف، المرجع السابق، ص٢٤٦-٢٤٧.

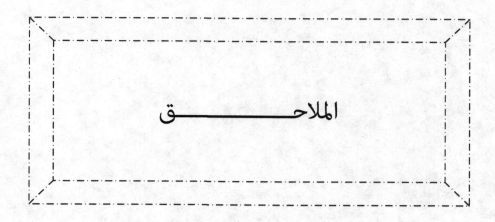

الملاحـــــــق

ملحق رقم (١)
ابن سينا
عالم الطب والفلسفة
ت ٤٢٨هـ/ ١٠٣٦م

ابن سينا
لقد استطاع «ابن سينا» أن يحجب شهرة جالينوس
والإغريق قروناً طويلة من الزمن.

ملحق رقم (٢)

الأسطرلاب

لقد أدى «الإسطرلاب» للعرب خدمات جمة واستعمل أيضاً كساعة جيب.

ملحق رقم (٣)
العرب وعلم التشريح

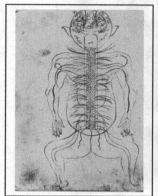 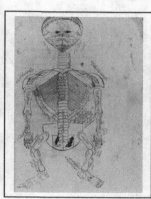 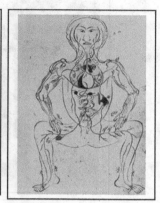

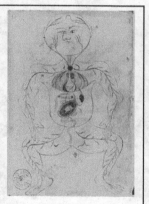 

لوحات في علم التشريح كان العرب
يستعينون بها في دراستهم الطب.

ملحق رقم (٤)
أدوات جراحية عربية

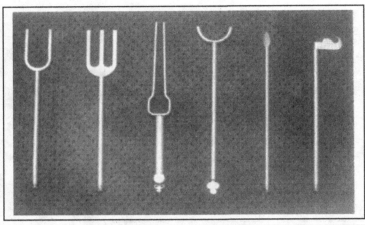

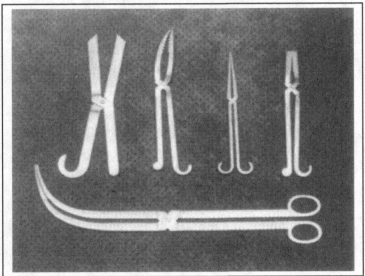

كان أبو القاسم الزهراوي من ألمع جراحي العرب وأعظمهم فضلاً وقد نقل للأطباء
الغربيين صور الأدوات الجراحية العربية.

ملحق رقم (٥)
المئذنة الشهيرة لجامع سامراء
(جامع المتوكل)
٢٣٨هـ/ ٨٥٢م

ملحق رقم (٦)
المسجد الكبير (القيروان)
بناه عقبة بن نافع الفهري (٥٠هـ/ ٦٧٠م)

وجامع الزيتونة (القيروان)

ملحق رقم (٨)
منظر أمامي لنافورة الأسود
قصر الحمراء -غرناطة/ الأندلس

ملحق رقم (٩)
قطع نقدية تعود لعصور
إسلامية وعربية قديمة

الخاتـمـــة

لعل من نافلة القول، وبعد هذه المحاولة في دراسة (تاريخ الحضارة العربية الإسلامية) أن نبرز بعض النتائج التي توصل إليها البحث بعد التوكل على اللـه تعالى والاستعانة به، وبما قدم في الفصول السابقة، مع بعض التوصيات التي نراها ضرورية لمحبي الحضارة العربية الإسلامية ومريديها.

إن أول هذه النتائج هو الدراسة والاستقراء للمصطلحات والمفاهيم الحضارية (العلم، المدنية، الحضارة، الثقافة، والتراث) وعلاقة بعضها البعض من جهة، وعلاقة كل مفهوم منها بمفهوم الحضارة.

والنتيجة الثانية هو استجلاء صورة النظريات التي تتحدث عن نشوء الحضارات الإنسانية، وقوة بعضها وهزالة البعض الآخر منها، مع خصوصية أسباب قيام الحضارات في الوطن العربي.

والنتيجة الثالثة إطلاعنا ودراستنا لأهم الدعائم والمرتكزات التي قامت عليها الحضارة العربية الإسلامية، بعد أن أوضحنا القصد من تسمية هذه الحضارة بالحضارة العربية الإسلامية، اعتماداً على الدلائل والبراهين والحجج في ذلك، مع تبيان أهم خصائصها وسماتها، واستجلاء أصولها ومنابعها، مع وقفة نقدية للتأثيرات الأجنبية على هذه الحضارة.

أما النتيجة الرابعة فهي محاولة وصفية واستقرائية لأهم عناوين النظم العربية الإسلامية والتي شملت النظم السياسية كالخلافة والوزارة والحجابة

والكتابة والقضاء والجيش، وكذلك النظم الاجتماعية كعناصر المجتمع، ودور الأسرة العربية فيه، وكذلك الحديث عن الأعياد الدينية والدنيوية، كما بينت الدراسة أبرز النظم الاقتصادية كالزراعة والصناعة والتجارة وموارد الدولة، ومستوى المعيشة للأفراد، والتعامل بالعملات (النقود).

والنتيجة الخامسة وقفة استقرائية للمظاهر الفكرية من خلال العلوم الدينية (القرآن الكريم، والحديث، والفقه) وكذلك العلوم الإنسانية كالنحو والتاريخ والاجتماع والجغرافية والفلسفة، إضافة إلى العلوم الصرفة، كالرياضيات والفيزياء والكيمياء والطب، وكذلك المظاهر الفنية كالعمارة والمساجد والفنون.

أما النتيجة السادسة فهي إبراز مكانة الحضارة العربية الإسلامية في العالم، وتأثيراتها الإنسانية على البشرية جمعاء دون تمييز أو تفرقة. من خلال ما امتازت به هذه الحضارة من تفتح وتفاعل مع الأمم الأخرى، وطرق انتقال هذه الحضارة إلى أوروبا عن طرق ومسالك الأندلس وصقلية والحروب الصليبية (الفرنجية) وأثر هذا الانتقال في نهضة أوروبا وتنويرها.

هذه بعض النتائج التي وددت أن أختم بها هذا البحث، على أن لا ننسى التوصيات بهذا الصدد، وهي حالة الافتراض لمحبي الحضارة في أهمية الإمعان والتمعن في مثل هذه الموضوعات والعنوانات ذات الأهمية في الاطلاع والتبصر بها والاقتداء.

و الـلـه من وراء القصد...

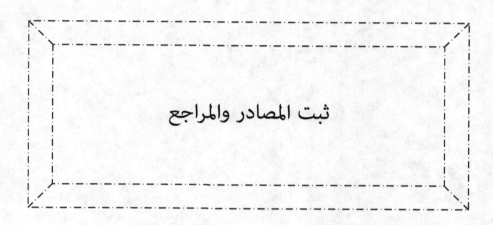

ثبت المصادر والمراجع

ثبت المصادر والمراجع

القرآن الكريم

التوراة

أولاً: المصادر:

٣- ابن الأثير ، علي بن أحمد الجزري الشيباني (ت٦٣٠هـ/ ١٢٣٢م)، الكامل في التاريخ، مط دار صادر، بيروت: ١٣٨٦هـ/ ١٩٦٦م

٤-الأصفهاني، أبو الفرج علي بن الحسين القرشي الأموي (ت ٣٥٦هـ/ ٩٦٦م)، الأغــــاني، ط بولاق- القاهرة: ١٣٩٠هـ/ ١٩٧٠م.

٥-ابن أبي اصيبعة، أحمد بن محمد بن القاسم (ت٦٦٨هـ/١٢٦٩م)، عيون الأنباء في طبقات الأطباء، مط الإقبال، بيروت: (د. ت).

٦-ابن الأنباري، عبد الرحمن بن محمد، نزهة الألباء في طبقات الأدباء، تحقيق د. إبراهيم السامرائي. مط المعارف، بغداد ١٣٧٩هـ/١٩٥٩م..

٧-البخاري، محمد بن إسماعيل (ت ٢٥٦هـ/ ٨٦٩م)، التاريخ الكبير، تحقيق محمد أزهر مط دار الكتب العلمية- بيروت ١٤٠٧هـ/ ١٩٨٦م.

٨-صحيح البخاري، مط دار صعب، بيروت (د. ت).

٩-البسوي،أبو يوسف يعقوب بن سفيان، المعرفة والتاريخ، مط الإرشاد. بغداد: ١٣٩٤هـ/ ١٩٧٤م.

١٠-البلاذري،أحمد بن يحيى البغدادي (ت ٢٧٩هـ/ ٨٩٢م)، فتوح البلدان، تحقيق صلاح الدين المنجد، مكتبة النهضة المصرية، القاهرة ١٣٧٦-١٣٧٧هـ/ ١٩٥٦-١٩٥٧م.

١١-البيهقي، ظهير الدين علي بن زيد (ت ٥٦٥هـ - ١١٦٩م)، تتمة صوان الحكمة، ط لاهور (د.ت)

١٢-التنوخي، المحسن بن علي البصري (ت٣٨٤ هـ/ ٩٩٤م)، الفرج بعد الشدة، ط القاهرة ١٣٤٧هـ/ ١٩٣٨م

١٣-نشوار المحاضرة وأخبار المذاكرة (جامع التواريخ)، مط المفيد، دمشق ١٣٤٨هـ/ ١٩٣٠م

١٤-الجاحظ، عمرو بن بحر البصري (ت٢٥٥ هـ/ ٨٦٨م)، البيان والتبيين، مط لجنة التأليف: القاهرة ١٣٦٨هـ/ ١٩٤٩م.

١٥-رسائل الجاحظ (رسالة ذم أخلاق الكتاب، رسالة مناقب الأتراك)، تحقيق د. عبد السلام محمد هارون، مط الخانجي، القاهرة ١٣٨٤هـ/ ١٩٦٤م.

١٦-ابن الجزري، محمد بن محمد العمري (ت ٨٣٣هـ/ ١٤٢٩م)، غاية النهاية في طبقات القراء، مكتبة الخانجي، القاهرة ١٣٥٢هـ/ ١٩٣٣م

١٧-الجهشياري، محمد بن عبدوس الكوفي (ت٣٣١هـ/ ٩٤٢م)، الوزراء والكتاب، مط البابي الحلبي القاهرة ١٣٥٧هـ/ ١٩٣٨م.

١٨-ابن الجوزي، عبد الرحمن بن علي البغدادي (ت٥٩٧هـ/ ١٢٠٠م)، سيرة عمر بن الخطاب، مط السعادة، القاهرة ١٣٤٢هـ/ ١٩٢٤م

١٩-الجوهري، إسماعيل بن حماد (ت٣٩٨هـ/ ١٠٠٧م)، الصحاح، تاج اللغة وصحاح العربية، تحقيق أحمد عبد الغفور عطار، مط دار الكتاب العربي، القاهرة ١٣٧٦هـ/ ١٩٥٦م.

٢٠-حاجي خليفة، مصطفى بن عبد الله المعروف (كاتب جلبي) (ت١٠٦٧هـ/ ١٦٥٦م)، كشف الظنون عن أسامي الكتب والفنون،أستانبول ١٣٦٠هـ/ ١٩٤١م.

٢١-الحريري، القاسم، مقامات الحريري، المقامة ٣٤ (المقامة الزيدية)
٢٣-ابن حنبل، أحمد بن محمد البغدادي (ت٢٤١هـ/ ٨٥٥م)، صورة الأرض، ط مكتبة المثنى، بغداد (د، ت).
٢٤-أبو حيان التوحيدي، علي بن محمد البصري (ت ٤٠٠هـ/ ١٠٠٩م)، المقابسات، تحقيق حسن السندوبي، المط الرحمانية، القاهرة ١٣٤٨هـ/ ١٩٢٩م.
٢٥-الخطيب البغدادي، أحمد بن علي (ت ٤٦٣هـ/ ١٠٧٠م)، تاريخ بغداد أو مدينة السلام، ط بيروت (د.ت).
٢٦-ابن خلدون، عبد الرحمن بن محمد (ت ٨٠٨هـ/ ١٤٠٥م)، المقدمة، مط دار الشعب. القاهرة ١٣٨٦هـ/ ١٩٦٦م.
٢٧-الدارقطني، أبا الحسن (ت٣٨٥ هـ/ ٩٩٥م)، الأفراد والعلل، ط القاهرة (د، ت)
٢٨-الدباغ، أبو المطرف عبد الرحمن بن محمد (ت ٦٩٦هـ/ ١٢٩٦م)، معالم الإيمان في معرفة أهل القيروان، ط تونس ١٣٢٠هـ/ ١٩٠٢م.
٢٩-الدولابي، محمد بن أحمد، الكني والأسماء، مط دار المعارف النظامية. الهند ١٣٢٢هـ/ ١٩٠٤م.
٣٠-الرازي، محمد بن عبد القادر (ت بعد ٦٦٦هـ/ ١٢٦٧م)،مختار الصحاح، مط الهيئة المصرية العامة للكتاب، القاهرة ١٣٩٨هـ/ ١٩٧٧م.
٣١-ابن رستة، أحمد بن عمر (ت٢٩٠هـم ٩٠٢م)، الأعلاق النفيسة، مط بريل، ليدن ١٣٠٩هـ/ ١٨٩١م.
٣٢-الزَبِيدي، أبو الفيض مرتضى بن الحسين الواسطي (ت١٢٠٥هـ/ ١٧٩٠م)، تاج العروس في جواهر القاموس، المط الخيرية، القاهرة ١٣٠٦هـ/ ١٨٨٨م.
٣٣-الزمخشري، أبو القاسم محمود بن عمر (ت٥٣٨هـ/ ١١٤٣م)، أساس البلاغة، ط القاهرة (د، ت).

٣٤-ابن سعد، محمد بن سعد البصري (ت٢٠٧هـ/ ٨٢٢م)، الطبقات الكبير (طبقات ابن سعد)، مط إيريل ليدن ١٣٢٣هـ/ ١٩٢١م.
٣٥-السمعاني، عبد الركيم بن محمد التميمي (ت٥٦٢هـ/ ١١٦٦م)، الأنساب، ط دار الجنان. بيروت ١٤٠٩هـ/ ١٩٨٨م.
٣٦-الشريشي، أحمد، شرح مقامات الحريري، مط المنيرة، القاهرة ١٣٧٢هـ/ ١٩٥٢م.
٣٧-الشهرستاني، محمد بن عبد الكريم (ت٥٤٨هـ/ ١١٥٣م)، الملل والنحل، ط القاهرة ١٣١٧هـ/ ١٨٩٩م.
٣٨-ابن صاعد، أبو القاسم صاعد بن أحمد بن صاعد (ت٤٦٢هـ/ ١٠٦٩م)، طبقات الأمم، تحقيق الأب شيخو اليسوعي. بيروت، ١٣٣١هـ/ ١٩١٢م.
٣٩-الصولي، أبو بكر محمد بن يحيى الشطرنجي البغدادي (ت٣٣٥هـ/ ٩٤٧م)، أدب الكتاب، تحقيق محمد بهجت الأثري، القاهرة ١٣٤١هـ/ ١٩٢٢م.
٤٠-طاش كبرى زاده، أحمد بن خليل (ت٩٦٨هـ/ ١٥٦٠م، مفتاح السعادة ومصباح السيادة في موضوعات العلوم، مط الاستقلال، القاهرة ١٣٨٨هـ/ ١٩٦٨م.
٤١-الطبري، محمد بن جرير البغدادي (ت٣١٠هـ/ ٩٢٢م)، تاريخ الأمم والملوك، مط دار المعارف. القاهرة ١٣٨٧هـ/ ١٩٦٧م.
٤٢-ابن الطقطقي، محمد بن علي بن طباطبا (ابن طقطقا) (ت٧٠٩هـ/ ١٣٠٩م)، الفخري في الآداب السلطانية والدول الإسلامية، دار المعارف، القاهرة ١٣٦٥هـ/ ١٩٤٥م.
٤٣-ابن عبد ربه، أحمد بن محمد الأندلسي القرطبي (ت٣٢٨هـ/ ٩٣٩م)، العقد الفريد، ط القاهرة ١٢٩٣هـ/ ١٩٧٦م.

٤٤-ابن عساكر، الإمام علي بن الحسن الشافعي (ت٥٧١هـ/ ١١٧٥م)، تهذيب تاريخ دمشق الكبير، دار إحياء التراث العربي- بيروت (د.ت).

٤٥-ابن العربي، أبو بكر محمد بن عبد الله المعافري الأندلسي (ت٥٤٣هـ/ ١١٤٨م)، العواصم من القواصم، ط القاهرة ١٣٧١هـ/ ١٩٥١م.

٤٦-الغزالي، الإمام أبو حامد محمد بن محمد البغدادي (ت٥٠٥هـ/ ١١١١م)، إحياء علوم القرآن، مط البابي الحلبي، القاهرة ١٣٥٨هـ/ ١٩٣٤م.

٤٧-ابن قتيبة، عبد الله بن مسلم الكوفي البغدادي الدينوري (ت٢٧٦هـ/ ٨٨٩م)، أدب الكاتب، ط القاهرة (د، ت).

٤٨-الإمامة والسياسة (تاريخ الخلفاء)، تحقيق، د. طه محمد الزيني، مط البابي الحلبي، القاهرة ١٣٨٧هـ/ ١٩٦٧م.

٤٩-الشعر والشعراء، ط. القاهرة ١٣٨٦هـ/ ١٩٦٦م.

٥٠-عيون الأخبار، مط دار الكتب المصرية، القاهرة ١٣٤٤هـ/ ١٩٢٥م.

٥١-المعارف، تحقيق محمد إسماعيل عبد الله الصاوي، ط. دار المعارف القاهرة ١٣٩٠هـ/ ١٩٧٠م.

٥٢-القفطي، علي بن يوسف (ت٦٤٦هـ/ ١٢٤٨م)، أخبار العلماء بأخبار الحكماء، مط السعادة القاهرة ١٣٢٦هـ/ ١٩٠٨م.

٥٣-القلقشندي، أحمد بن علي الفزاري المشهور (ابن أبي غدة) (ت٨٢١هـ/ ١٤١٨م)، صبح الأعشى في صناعة الإنشا، المط الأميرية، القاهرة ١٣٣٢هـ/ ١٩١٣م.

٥٤-ابن كثير، عماد الدين أبو الفدا إسماعيل بن عمر بن كثير القرشي (ت ٧٧٤هـ ١٣٧٢م)، البداية والنهاية في التاريخ (تاريخ ابن كثير)، مط السعادة، القاهرة ١٣٤٨هـ/ ١٩٢٩م.

٥٥-تفسير ابن كثير، ط. دار إحياء الكتب العربية، القاهرة (د،ت).

٥٦-الماوردي، علي بن محمد البصري (ت٤٥٠هـ/ ١٠٥٨م)، الأحكام السلطانية والولايات الدينية، ط القاهرة ١٣٨٦هـ/ ١٩٦٦م.

٥٧-المسعودي، علي بن الحسين البغدادي (ت٣٤٦هـ/ ٩٥٧م)، مروج الذهب ومعادن الجوهر، مط السعادة القاهرة ١٣٧٧هـم ١٩٥٨م.

٥٨-مِسْكَوَيْه، أحمد بن محمد الخازن (ت٤٢١هـ/ ١٠٣٠م)، تجارب الأمم، ط القاهرة. ١٣٣٢هـ/ ١٩١٤م.

٥٩-تهذيب الأخلاق، مط مدرسة والدة عباس باشا الأول، القاهرة ١٣٢٣هـ/ ١٩٠٥م،ابن منبه، وهب (ت١١٠ سهـ/ ٧٢٨م).

٦٠-كتاب التيجان، ط حيدر أباد الدكن ١٣٤٧هـ/ ١٩٢٨م، ابن منظور، محمد بن مكرم (ت٧١١هـ/ ١٣١١م).

٦١-لسان العرب، ط القاهرة ١٣٠٠هـ/ ١٨٨٢م، ط بيروت ١٤٠٩هـ/ ١٩٨٨م، المقريزي، أحمد بن علي (ت٨٤٥هـ/ ١٤٤٢م).

٦٢-المواعظ والاعتبار في ذكر الخطط والآثار، ط بولاق. القاهرة ١٣٧٠هـ/ ١٩٥٠م.

٦٣-ابن النديم، محمد بن إسحاق البغدادي (٣٨٥هـ/ ٩٩٥م)، الفهرست، ط طهران، ١٣٩١هـ/ ١٩٧١م.

٦٤-النووي، أبو زكريا محي الدين بن شرف (ت٦٧٦هـ/ ١٢٧٧م)، تهذيب الأسماء واللغات، ط القاهرة (د. ت).

٦٥-النويري، أحمد بن عبد الوهاب (ت٧٣٣هـ/ ١٣٣٢م)، نهاية الأرب في فنون الأدب، ط القاهرة. ١٣٤٨-١٣٧٥هـ/ ١٩٢٩-١٩٥٥م.

٦٦-ابن هشام، عبد الملك بن هشام البصري (ت٢١٣هـ/ ٨٢٨م)، السيرة النبوية، ط فستنفلد ١٢٧٥هـ/ ١٨٥٨م م، ط القاهرة ١٣٨٩هـ/ ١٩٦٩م.
٦٧-اليافعي، عبد الله بن سعد اليمني (ت٧٦٨هـ/ ١٣٦٦م)، مرآن الجنان وعبرة اليقظان في معرفة ما يعتبر من حوادث الزمان، ط بيروت ١٣٩٠هـ/ ١٩٧٠م.
٦٨-ياقوت، ياقوت بن عبد الله الحموي البغدادي (ت ٦٢٦هـ/ ١٢٢٨م)، معجم الأدباء (إرشاد الأريب إلى معرفة الأديب)، مط دار المأمون. القاهرة ١٣٥٥هـ/ ١٩٣٦م.
٦٩-معجم البلدان، ط دار صادر. بيروت ١٣٧٦هـ/ ١٩٥٧م.
٧٠-اليعقوبي، أحمد بن أبي يعقوب بن جعفر بن وهب بن واضح (ت٢٨٤ هـ/ ٨٩٧م)، تاريخ اليعقوبي، ط بريل- ليدن ١٣٦١هـ/ ١٨٨٣م.

ثانياً: المراجع العربية

٧١-أحمد، د. أحمد عبد الرزاق، الحضارة الإسلامية في العصور لوسطى، ط دار الفكر العربي، القاهرة ١٤١١هـ/ ١٩٩٦م.
٧٢-أمين، أحمد، ضحى الإسلام، مكتبة النهضة المصرية، القاهرة ١٣٩٢هـ/ ١٩٧٢م.
٧٣-الباشا، حسن، الفنون الإسلامية والوظائف على الآثار العربية، مط لجنة البيان العربي، القاهرة ١٣٨٥هـ/ ١٩٦٥م.
٧٤-الألقاب الإسلامية في التاريخ والوثائق والآثار، مط لجنة البيان، العربي، القاهرة ١٣٧٧هـ/ ١٩٥٧م.
٧٥-بدوي، د. عبد الرحمن، دور العرب في تكوين الفكر العربي، دار الآداب، بيروت ١٣٨٥هـ/ ١٩٦٥م.

٧٦-بطاينة، محمد ضيف الله، في تاريخ الحضارة العربية الإسلامية، دار الفرقان، عمان ١٤٠٩هـ/ ١٩٨٨م.

٧٧-البوطي، محمد سعيد رمضان، نقض أوهام المادية الجديدة، ط بيروت (د، ت).

٧٨-الجزائري، د. محمد بن عبد الكريم، الثقافة ومآسي رجالها، (دون ذكر المطبعة) الجزائر ١٤١٤هـ/ ١٩٩٣م.

٧٩-حداد، جورج، المدخل إلى تاريخ الحضارة، مط الجامعة العربية، دمشق ١٣٧٨هـ/ ١٩٥٨م.

٨٠-حسن،حسن إبراهيم، تاريخ الإسلام السياسي والديني والثقافي والاجتماعي، مط السنة المحمدية، القاهرة ١٣٨٥هـ/ ١٩٦٥م.

٨١- حسن،زكي محمد، فنون الإسلام، ط القاهرة ١٣٦٨هـ/ ١٩٤٨م.

٨٢-الحفني،عبد المنعم، الموسوعة الفلسفية، مط دار ابن زيدون، بيروت (د،ت) الخربوطلي،د. علي حسني.

٨٣- الحضارة العربية الإسلامية، ط القاهرة (د،ت).

٨٤-دور الأمة العربية في بناء النهضة الأوروبية، منشورات اللجنة الشعبية العامة للتعليم والبحث العلمي الليبية، مط الصدى (د. ت)

٨٥-الدوري،د. عبد العزيز، النظم الإسلامية، ط بغداد (د،ت).

٨٦-الرافعي،مصطفى، حضارة العرب في العصور الإسلامية الزاهرة، ط القاهرة (د،ت).

٨٧-الرافعي،مصطفى، وسعد زغلول عبد الحميد، أحمد مختار العبادي، دراسات في تاريخ الحضارة الإسلامية العربية، ط القاهرة (د،ت).

٨٨-الرحيم،د. عبد الحسين مهدي، تاريخ الحضارة العربية الإسلامية، ط طرابلس، ١٤١٥هـ/ ١٩٩٤م.

٨٩-رحمة اللـه،د. مليحة، الحالة الاجتماعية في العراق في القرنين الثالث والرابع للهجرة/ ١٠٠٩م، أطروحة دكتوراه، القاهرة ١٣٨٨هـ/ ١٩٦٨م.
٩٠-زريق،قسطنطين، في معركة الحضارة، دار العلم، بيروت ١٤٠١هـ/ ١٩٨١م.
٩١-زيدان،جرجي، العرب قبل الإسلام، مط الهلال، القاهرة (د،ت).
٩٢-السامر،د. فيصل، الأصول التاريخية الإسلامية في الشرق الأقصى، ط بغداد (د،ت).
٩٣-السامر،د. فيصل وآخرون، تاريخ الحضارة العربية الإسلامية، ط بيروت (د،ت).
٩٤-السامرائي،د. خليل إبراهيم، د. عبد الواحد ذنون، ط، د. ناطق صالح مطلوب، تاريخ العرب وحضارتهم في الأندلس، مط جامعة الموصل، العراق ١٤٠٧هـ/ ١٩٨٦م.
٩٥-سليمان،د. أحمد السعيد، تاريخ الدول الإسلامية ومعجم الأسر الحاكمة، مط دار المعارف، القاهرة ١٣٩٢هـ/ ١٩٧٢م.
٩٦-شلبي،د. أحمد، موسوعة التاريخ الإسلامي والحضارة الإسلامية، مط النهضة المصرية، القاهرة
٩٧-موسوعة النظم والحضارة الإسلامية، مط النهضة المصرية، القاهرة.
٩٨-الشكعة،د. مصطفى، معالم الحضارة الإسلامية، مط دار العلم، بيروت ١٣٩٥هـ/ ١٩٧٥م.
٩٩-الصالح،د. صبحي، النظم الإسلامية، دار العلم بيروت ١٣٨٨هـ/ ١٩٦٨م.
١٠٠- صليبا،جميل، المعجم الفلسفي، دار الكتاب اللبناني، بيروت (د،ت).
١٠١-طوقان،قدري حافظ، العلوم عند العرب، ط بيروت (د،ت).

١٠٢-عاشور،د. سعيد عبد الفتاح، سعد زغلول عبد الحميد، أحمد مختار العبادي، دراسات في تاريخ الحضارة الإسلامية العربية، ط الكويت ١٤٠٦هـ/ ١٩٨٦م.

١٠٣-عباس،د. رضا هادي، الأندلس، محاضرات في التاريخ والحضارة، منشورات إلجا-مالطة ١٤١٩هـ/ ١٩٩٨م.

١٠٤-عبد الحميد،د. عرفان، الفلسفة في الإسلام، ط بغداد (د،ت)

١٠٥-العزاوي،د. عبد الرحمن حسين، أصول البحث العلمي، طباعة الإلكترونية، الزاوية الغربية، ليبيا ١٤١٨هـ/ ١٩٧٧م.

١٠٦-التاريخ والمؤرخون، منشورات وزارة الثقافة والإعلام، مط دار الشؤون الثقافية العامة، بغداد ١٤١٤هـ/ ١٩٩٣م.

١٠٧-الطبري، السيرة والتاريخ، منشورات وزارة الثقافة والإعلام، مط دار الشؤون الثقافية العامة، بغداد ١٤١٠هـ/ ١٩٨٩م.

١٠٨-المسعودي مؤرخاً، منشورات اتحاد المؤرخين العرب، مط الجامعة، بغداد ١٤٠٢هـ/ ١٩٨١م.

١٠٩-منهج البحث التاريخي (مشترك مع د. محسن محمد حسين)، منشورات جامعة بغداد مط دار الحكمة- بغداد ١٤١٣هـ/ ١٩٩٢م.

١١٠-علام،نعمت إسماعيل، فنون الشرق الأوسط في العصور الإسلامية، مط دار المعارف، القاهرة ١٤١٠هـ/ ١٩٨٩م.

١١١-علي،د. جواد، العرب قبل الإسلام، مط شركة الرابطة، بغداد ١٣٧٠هـ/ ١٩٥٠م.

١١٢-الغلامي،عبد المنعم، مآثر العرب والإسلام في القرون الوسطى، مط أم الربيعين، الموصل/ العراق ١٣٥٩هـ/ ١٩٤٠م.

١١٣-فريحات،حكمة عبد الكريم، إبراهيم ياسين الخطيب، مدخل إلى تاريخ الحضارة العربية الإسلامية، مط دار الشروق، عمان ١٤١٠هـ/ ١٩٨٩م

١١٤-الكروي،د. إبراهيم سلمان، د. عبد التواب شرف الدين، المرجع في الحضارة العربية الإسلامية، ط الكويت ١٤٠٨هـ/ ١٩٨٧م.

١١٥-ماجد،د. عبد المنعم، التاريخ السياسي للدولة العربية، مكتبة الانجلو المصرية، القاهرة (د،ت).

١١٦-مخلوف،حسنين محمد، تفسير وبيان كلمات القرآن الكريم، ط٤ مط اليمامة، دمشق ١٤٠٣هـ/ ١٩٨٢م حاشية ص٨٤.

١١٧-مرحبا،محمد عبد الرحمن، الموجز في تاريخ العلوم عند العرب، دار الكتاب اللبناني، بيروت ١٣٩٠هـ/ ١٩٧٠م.

١١٨-المعاضيدي،د. خاشع، د. عبد الأمير دكسن، د. عبد الرزاق الأنباري، دراسات في تاريخ الحضارة العربية، منشورات جامعة بغداد ١٤٠٠هـ/ ١٩٧٩م.

١١٩-معجم، معجم ألفاظ القرآن الكريم، ط القاهرة ١٤١١هـ/ ١٩٩١م.

١٢٠-معروف، د. ناجي، أصالة الحضارة العربية، مط دار الثقافة بيروت ١٣٩٥هـ/ ١٩٧٥م.

١٢١-موسوعة، موسوعة العراق الحضارية، منشورات وزارة الثقافة والإعلام، مط دار الشؤون الثقافية، بغداد ١٤٠٦هـ/ ١٩٨٥م.

١٢٢-النزين، سميح عاطف، الإسلام وثقافة الإنسان، ط بيروت (د،ت).

١٢٣-هويدي، فهمي، الإسلام في الصين، سلسلة عالم المعرفة، الكويت ١٤٠١هـ/ ١٩٨٠م.

١٢٤-اليوزبكي، د. توفيق سلطان، دراسات في النظم العربية والإسلامية، مط جامعة الموصل، ١٣٩٧هـ/ ١٩٧٧م.

ثالثاً: المراجع المعربة

١٢٥-اشبنجلر، أوسفالد، تدهور الحضارة الغربية، تعريب أحمد الشيباني، دار الحياة، بيروت (د،ت).

١٢٦-أوليري، دي لاسي، انتقال علوم الإغريق إلى العرب، ط بغداد ١٣٧٨هـ/ ١٩٥٨م.

١٢٧-أمير علي، سيد، مختصر تاريخ العرب والتمدن الإسلامي، تعريب رياض رأفت، مط لجنة التأليف والترجمة، القاهرة ١٣٥٧هـ/ ١٩٣٨م.

١٢٨-بخش، خودا، الحضارة الإسلامية، تعريب، علي حسني الخربوطلي، مط دار الكتب الحديثة، القاهرة ١٣٨٠هـ/١٩٦٠م.

١٢٩-بروكلمان، كارل، تاريخ الأدب العربي، تعريب د. عبد الحليم النجار، دار المعارف، القاهرة ١٣٩٤هـ/ ١٩٧٤م.

١٣٠-توينبي، آرنولد، مختصر ـ دراسة التاريخ، تعريب فؤاد شبل، ط جامعة الدول العربية، القاهرة ١٣٨٦هـ/ ١٩٦٦م.

١٣١-جرنفيل، فريمان، التقويمان الهجري والميلادي، تعريب د. حسام الدين الألوسي، مط الجمهورية، بغداد ١٣٨٩هـ/ ١٩٧٠م.

١٣٢-جرونيباوم، جوستاف، حضارة الإسلام، تعريب عبد العزيز توفيق جاويد، مط دار مصر الحديثة، القاهرة ١٣٧٢هـ/ ١٩٥٢م.

١٣٣-دراسات في حضارة الإسلام، تعريب إحسان عباس، مط دار العلم، بيروت ١٣٩٤هـ/ ١٩٧٤م.

١٣٤-دائرة، دائرة المعارف الإسلامية، تعريب محمد ثابت الفندي وآخرون. دار الشعب، القاهرة، ١٣٨٩هـ/ ١٩٦٩م.

١٣٥-ديورانت، ول، قصة الحضارة، تعريب زكي نجيب محمود، مط الهيئة المصرية، القاهرة ١٤٠٠هـ/ ١٩٧٩م.

١٣٦- لوبون، جوستاف، حضارة العرب، تعريب عادل زعيتر، مط دار المعارف، القاهرة ١٣٧٦هـ/ ١٩٥٦م.

١٣٧-ريسلر، جاك. س، الحضارة العربية، تعريب غنيم عبدون، مط دار الطباعة الحديثة، القاهرة (د.ت).

١٣٨-زامباور، إدوارد نون، معجم الأنساب والأسرات الحاكمة في التاريخ الإسلامي، تعريب د. زكي محمد حسن وآخرون، مط جامعة فؤاد الأول، القاهرة ١٣٧٠هـ/ ١٩٥٠م.

١٣٩-سزكين، فؤاد، تاريخ التراث العربي، تعريب د. محمود فهمي حجازي، د. فهمي أبو الفضل، مط الهيئة المصرية، القاهرة ١٣٩٨هـ/ ١٩٧٧م.

١٤٠-متز، آدم، الحضارة الإسلامية في ق ٤ هـ، تعريب محمد عبد الهادي أبو ريدة، مط لجنة التأليف، القاهرة ١٣٧٧هـ/ ١٩٥٧م.

١٤١-نولدكة، أمراء غسان، تعريب بندلي جوزي، قسطنطين زريق بيروت ١٣٠٢هـ/ ١٩٣٣م.

١٤٢-هرشلوفيتز، ج، أساس الانثروبولوجيا الثقافية، تعريب رباح النفاخ. دار الثقافة دمشق ١٣٩٣هـ/ ١٩٧٣م.

١٤٣-هل، ي، الحضارة العربية، تعريب د. إبراهيم أحمد العدوي، مكتبة الانجلو المصرية، القاهرة ١٣٧٥هـ/ ١٩٥٦م.

١٤٤-هونكه، زيغريد، شمس العرب تسطع على الغرب، أثر الحضارة العربية في أوروبا، تعريب فاروق بيضون، كمال دسوقي، بيروت ١٣٨٩هـ/ ١٩٦٩م.

رابعاً: الدوريات

١٤٥- السامرائي، مهدي صالح، أخلاق العلماء العرب المسلمين، مجلة دراسات للأجيال، العـدد ٢، السنة ٧، بغداد، حزيران ١٤٠٨هـ/ ١٩٨٧م.

١٤٦-دواه، د. محمود أحمد، الاتجاهات المختلفة في تفسير التاريخ، مجلة الفكر العربي، العـدد ٥٨، السنة ١٠، تشرين الأول ١٤١٠هـ/ ١٩٨٩م.

Printed in the United States
By Bookmasters